「おふくろの味」幻想

誰が郷愁の味をつくったのか

湯澤規子

光文社新書

「おふくろの味」幻想／目次

第二章 都市がおふくろの味を発見する

――味覚を通じた「場所」への愛着

第三章　農村がおふくろの味を再編する　95

――「場所性」をつなぎとめる味という資源

第四章　家族がおふくろの味に囚われる 131

――「幻想家族」の食卓と味の神話

第五章　メディアがおふくろの味を攪乱する——「おふくろの味」という時空　195

目次・章扉・図版デザイン／椚田祥仁

プロローグ――「味」から描かれる世界

「おふくろの味」という世界

聞きなれた言葉であるがゆえに、実体があると思い込んでいるもの。しかし、よく考えてみると、それは実際に存在するのか否か曖昧模糊《あいまいもこ》としており、もしかしたら幻想に過ぎないのかもしれないと思えてくるものがある。その一つに、「おふくろの味」という世界がある。

この本を手に取ったあなたは、「おふくろの味」という言葉から、まず、どのような世界やイメージを思い浮かべるだろうか。イメージではなく、具体的な一品を思い浮かべる人もいるかもしれない。ところが、そのイメージや一品を友人や同僚、家族などで披露し合ってみると、意外にもその多様性に驚かされることになる。

茶色っぽいおかず、ほっとする味、田舎の風景、具体的な食べものではやっぱり「漬物」でしょう、絶対「肉じゃが」ですね、いやいや「オムライス」に決まっています、「ポテトサラダ」じゃないの、という意見が飛び交うかと思えば、そもそも「おふくろの味」といえるようなものには縁がなかったという人もいる。そのため、「おふくろの味」はイメージなのか、実体なのか、それとも実際には存在しない幻想なのか、複数の意見はいつまでたっても一致する気配がない。

それなのに、私たちは何となく、「おふくろの味」といえばこういうものである、という根拠のない合意が世間一般に存在していると思ってはいないだろうか。「おふくろの味」とは何かと問われた時に出てくる答えに対して、「意外にも」その多様性に驚かされるのは、そのためである。

多様であるがゆえに、しばしばこの「おふくろの味」というキーワードをめぐって、思いがけない意識のギャップに直面することがある。例えば、そのイメージのズレとして、男性と女性という立場の違いをやや誇張した視点からいえば、次のように表現することができるかもしれない。

男にとってはノスタルジー、女にとっては導火線。

その「味」は涙や郷愁《きょうしゅう》を誘ったかと思えば、恋や喧嘩《けんか》の火種にもなる。


付き合いで飲んだ後の二次会で、あるいは仕事帰りの駅前で、単身赴任先のスーパーの惣《そう》菜《ざい》売り場で「おふくろの味」という言葉に引き寄せられて、ついふらりと路地の暖簾《のれん》をくぐったり、「おふくろの味」というシールが貼られた弁当に手を伸ばしたりする男性たち。

一方、「おふくろの味」と男性に言われようものなら、何だかよくわからないアンテナがピンと立ち、緊張したり、イライラしたり、葛藤したり、ため息をついたりしてしまうことがままある女性たち。タイミングによっては喧嘩にまで発展することさえある。

また、それとは逆に、その味を上手く使えば、男性や周囲の人から評価されることを経験的に熟知している女性は、周到なしたたかさでそれを積極的に利用することに余念がない。

たかが「味」、されど「味」と言わざるを得ない世界がそこにはある。

これはいったいどういうことなのだろうか。

なぜその味は男性にとってはノスタルジーになり、女性にとっては恋や喧嘩の導火線となり得るのか。男女だけではない。世代によっても、「おふくろの味」に対する意識には違いがみられる。その多様性ゆえに、企業の広告戦略の中に組み込まれ、メディアがそれを煽動《せんどう》したりもする。こうした「おふくろの味」をめぐる男女の眼差しや世代のすれ違いはどこから来るのか。本書はその理由を、個人の事情や嗜好《しこう》というよりもむしろ、社会や時代との関連から解き明かしていこうというものである。

まず注目すべきは、「味」の前についている「おふくろ」という言葉と、そこに込められた意味である。「おふくろ」とは何か？「おふくろ」とは誰か？ 単純な事実から確認すれば、「おふくろ」という言葉を使うのは、男性、特に青年期以降の男性たちに限られている。にもかかわらず、この言葉がつく「味」の表現は限定的にというよりもむしろ、広く社会に認知されているのはなぜなのだろう。そこには、男性の眼差しだけでなく、女性の眼差し、そしてそれを規定する時代や社会、そしてその中における家族像が複雑に交錯している状況が見え隠れする。絡まった糸をほぐしながら、その構造を解き明かしてみたい。

しかし、それでもなお、疑問が残る。「おふくろ」という、いわば「家族内での呼び名」が、不思議な普遍性をまといながら社会に流布《るふ》するようになったのはなぜなのか。そして、それはいつからなのか、という疑問である。

詳細は本文で説明するが、こと「おふくろの味」が料理本、料理番組、随筆、川柳、ドラマなど、多様なメディアの中で、一定の位置を占め始めたのは、概ね一九六〇年代半ば以降であった。それ以前にはおそらく、言葉としても、存在としても広く認知されてはいなかった。日本が高度経済成長期を迎えた頃、突如、彗星《すいせい》のごとく現れた言葉であったといってもよいだろう。しかもそれは、本書で後に明らかにしていくように、偶然というよりも、むしろ必然であったと思われるのである。

つまり、「おふくろの味」をめぐる状況は、男性と母親の関係というよりもはるかに広い射程を持ちながら展開してきたということができそうである。では、いったい誰が「おふくろの味」をつくってきたのだろうか。

一皿の中に、私たちは何を映し、何を求め、何を味わおうとしてきたのか。

たかが「味」、されど「味」と言わざるを得ない日常茶飯事の世界を見つめることは、「食」そのものだけでなく、私たち自身、そして何よりも、私たちがつくってきた社会そのものを見つめることにもなるだろう。

「味」から社会を描く

「料理」ならまだしも、「味」という曖昧なものから、社会を描くことはできるのだろうか。誰かにとって美味しいからといって、誰にとっても美味しいとは限らないのが「味」である。そもそも味とは「主観」の塊《かたまり》のようにもみえる。そのため、味から「社会」を明らかにすることは難しくもある。というのも、社会科学は基本的に「客観性」を担保し、できる限り「主観性」を排除することが前提となっているからである。

それならば、客観性を付加するために、味の成分を分析すればよいだろうか。あるいは、舌が味を感知するしくみを明らかにする方法などもある。はたまた、舌から脳へ伝わる刺激を数値化する研究を進めていくのはどうだろうか。そういえば、「官能評価」という手法を使って味を評価することができるという論文を読んだことがある。このような研究を総合すれば、少しは「客観的」に「味」を説明することができるかもしれない。

ところが私はそれとは全く逆に、様々な主観が織り込まれ、曖昧模糊としているからこそ「味」を通じて社会を描けるのでないかと考えている。例えば「おふくろの味」といった時に、冒頭で述べたように、男性と女性とでは思い浮かべるイメージに大きな違いがあり、また、世代によっても、住んでいる場所によっても、育った家庭によってもその「味」を特徴づける要素が異なっている。

それだけではない。そもそも、その「味」が実体としてこの世に存在しているという人もいれば、イメージでしかないと考える人もいる。つまり「味」は、それを語る人の人生、嗜好、経験、価値観、欲望、記憶などが映し出され、変幻自在で多様な意味が付与される、いわば「万華鏡《まんげきょう》」のようなものなのである。だがそれこそが、容易には捉えがたい「社会」の縮図そのものであるのだといえはしまいか。

僅《わず》かではあるが、これまでの研究の中にも「味」から社会を論じたものがいくつかある。非常に有名な一冊に、シドニー・W・ミンツの『甘さと権力——砂糖が語る近代史』がある。[*1]「甘さ」という味覚を軸に、砂糖の「生産」、「消費」そして「権力」との関係を炙《あぶ》り出し、資本主義社会の構造、世界の覇権争いまでを透過したその内容は非常に大きな衝撃をもって、世界中で読まれた。シドニー・W・ミンツは次のように言う。

［…］われわれのいう「甘さ」にあたる味覚を表わす語彙をもたない民族というのも、まず見当たるまい。むろん甘みについても、すべての文化集団のあいだで一律に好まれたわけではないし、ひとつの文化に属する人間のあいだにも個人差があったが、甘さは

不快だとしてこれを拒絶するような文化は、ひとつとして存在したことがない。ただし、特定の甘いものがタブー視され、避けられたことはある。酸味、塩辛さ、苦味などに対しては、人びとの態度にはもっとヴァラエティがあったから、甘みはいわば特権的な地位を与えられていたことになろう。[…]

しかし、どこでも誰でもが甘いものを好む、というだけでは、甘さの感覚が味覚のスペクトルのどの辺に位置するのか、甘みというものはどれくらい重要なのか、味覚の選好順位でいうとどの辺にくるのか、他の味覚との関係では、どういう風に考えられるのか、こういった問題には、何も答えていないことになる。そのうえ、甘い食べ物を含めて、人びとの食品に対する態度は、時と場合によってよほど変わるものでもある。[…]

甘みを好む傾向が、人間の生得の素質の一部であることは、疑問の余地がないように見える。しかし、国民によって食物システムが違い、各食品の選好の程度にも差があり、味覚の分類法そのものが違っていることは、そんなことでは説明できない。いわゆる音声器官をいくら解剖してみたところで、特定の言語が「説明」できないのと同じである。

味覚のうち「甘さ」に着目すると、概ね人間はそれを好むが、注意深くみれば、それは文化や特定の時代や場面によって異なること、そして、生物学的な分析だけでは説明し得ないものがどうしても残る、というのは重要な指摘である。

「味覚」というキーワードでみれば、塩味、甘味、うま味、苦味を個々に論じた『味の文化史』という書籍もある。[*2] しかし、それらはどちらかといえば食品の成分や舌の反応や刺激に由来する議論であるため、「おふくろの味」を説明する枠組みとしては少し物足りない。なぜなら、「おふくろの味」という言葉には、読者の皆さんもすでにお気づきのように、単なる「味覚」とは違う次元の価値づけが含まれ、そしてその価値づけには、多分にそれを言う人、受け止める人の主観が含まれているからである。

客観と主観が織りなすカルトグラフィ

それゆえに「味」には時代や社会の変化が鮮やかに映し出されることがある。この点に注視して戦後日本の社会変化を描いた作品に矢野敬一の『「家庭の味」の戦後民俗誌――主婦と団欒の時代』がある。[*3]「おふくろの」という言葉と同じように、同書では「家庭の」と付記するところに重要なメッセージや意味が含まれている。これについては本書の第三章であらためて紹介したい。

社会科学は「客観」を重んじるがゆえに、「主観」から論じることに慎重になる傾向がある。しかし、だからこそ、あえて主観の産物ともいえる「おふくろの味」に着目することで、「客観」と「主観」両方の視点を組み合わせながら論じる社会科学の新しい方向性を示せるかもしれない。

同時代を生きながら、男性と女性とでは、それぞれが見ている景色が違い、感受するものが違い、まるで別世界を生きているように感じることがある。そしてそれは、男性と女性の違いだけにとどまらない。世代や暮らしている場所、また個人の嗜好や価値観などにも影響されつつ、私たちは同時代にありながら、実はそれぞれの感受性によって固有の世界を受け止め、描き、その世界を生きているのである。

あたかもそれは、決して交わらないパラレルワールドを生きているようでさえある。いうなれば、性差や年齢差、世代差など、様々な違いを持つ主体が、各々独自の認知空間、あるいは世界地図を形成しているようなものである。

地理学ではある主題にもとづいた地図をつくることを「カルトグラフィ」という。つまり、ある事象に関わる歴史や空間をどのように認識するかということである。料理に例えると、ある事象という材料を自分の感性を通して料理するレシピのようなものである。「おふくろの味」というキーワードをめぐって、これまでどのような認識がなされ、その世界を表現する認識のレシピがつくられてきたのだろうか。そして、それは誰の、どのような意図によるものなのだろうか。このような「おふくろの味」のカルトグラフィをひもとく時、「主観」というファクターを除いては決して解けない謎が散在していることに気づかされる。それゆえに、本書ではあえて「主観」に着目する必要があるのだと主張したい。

とはいえ、各々の主観のみに依拠しているのみでは、「おふくろの味」が社会とどのように関わってきたのかを捉えることは難しい。そこで各章の中には適宜、主観的とみえる具体的な事象を俯瞰《ふかん》して議論するための地理学、歴史学、社会学に関わるいくつかの論点を配置し、それを補助線とする。そのうえで、客観と主観が織りなす「おふくろの味」の輪郭を、それらを形づくってきた様々な要因を検証することによって浮き彫りにできたらと考えている。

「味」からその謎を解いていくことは、「同時代を生きているのなら同じ風景を見ているはず」「同じ感覚を持っているはず」という私たちの思い込みをあっさりとくつがえし、思いがけない驚きと気づきをもたらすことになるだろう。本書では以下、そうした期待を抱きつつ、「おふくろの味」が織りなす世界を探訪していくことにしよう。

＊1　シドニー・W・ミンツ著、川北　稔・和田光弘訳『甘さと権力――砂糖が語る近代史』ちくま学芸文庫、二〇二一年。原書は Sidney W. Mintz, *Sweet and Power: The Place of Sugar in Modern History*, Elisabeth Sifton Books, Viking, 1985.
＊2　河野友美『味の文化史』世界書院、一九九七年。
＊3　矢野敬一『「家庭の味」の戦後民俗誌――主婦と団欒の時代』青弓社、二〇〇七年。

第一章

「おふくろ」をめぐる
三つの謎

1 「おふくろ」という言葉はどこから来たのか？

まずは「そもそも……」と、「おふくろ」をめぐる三つの謎について、考えることから始めよう。

一つ目の謎は、「おふくろ」という言葉はいったいどこから来たのだろうかということである。

「御袋」と「おふくろ」

『広辞苑』をひいてみると、「御袋」という漢字表記とともに、「母親を呼ぶ語。古くは、尊敬語」と説明がある。古くは君主の子を産んだ女性に対して家臣が使う呼称だったという説もある。例えば『康富記《やすとみき》』一四五五（享徳《きょうとく》四）年には、「今暁室町御姫君御誕生也。御袋大舘兵庫頭妹也」（傍線は筆者付記。以下同様）という記述がある。[*1] この「御袋」が高貴な人の母親、という意味で使われていたことがわかる。そして、少なくとも室町時代まではさかのぼれる言葉であることも確認できる。

また、人形浄瑠璃《じょうるり》『冥途《めいど》の飛脚《ひきゃく》』の一場面には、「われもそなたの御袋に聟《むこ》ぢやと言うて逢ひたい」という台詞《せりふ》がある。この演目は一七一一（正徳《しょうとく》元）年に近松門左衛門《ちかまつもんざえもん》によって書かれた作品が原作であるため、室町時代から時代が進んだ江戸時代中期には、一部の高貴な人物の母親というだけでなく、広く大衆にも認知されて使われるようになったものと思われる。

明治・大正期に出版された作品としては『一休笑譚――珍事奇聞』の中の「一休お袋に御勧の事」という短いエピソードがあり、昭和初期になると、随筆が編纂された『日本随筆大成』の中に「御袋」という作品が収録されている。[*2]

つまり、漢字で「御袋」と表現する世界は、五〇〇年以上も前にさかのぼることができ、その後徐々に高貴な人の母という限定的な意味から、一般庶民にも認識される言葉へと変化してきたことがわかる。ところがこれ以降、「御袋」という表現は影を潜《ひそ》めていく。

代わりに登場するのが「おふくろ」というひらがな表記である。ひらがな表記は近世の浮世草子《うきよぞうし》作者、井原西鶴《いはらさいかく》の作品の一つに「五日帰りにおふくろの異見」が見出せるものの、「御袋」に比べると稀であった。ところが昭和に入ってから、詩歌、川柳、民謡、戯曲、随筆、小説などに「おふくろ」という表記が頻出するようになり、逆に「御袋」は使われなくなっていく。文芸作品の中に登場する「おふくろ」は、さらに一般庶民の暮らしに根差した風情《ふぜい》をまといつつ、演劇や映画、ドラマにも展開していくことになる。しかも、「御袋」が高貴な人を産んだ女性を敬《うやま》って呼ぶ時に家臣たちが使う「三人称」の言葉だったのに対し、「おふくろ」は男性が自分の母親に対して使う「二人称」の呼称へと変化した。

「おふくろの味」という言葉の誕生

このように「おふくろ」という言葉が社会にある程度認知された素地のうえに、いよいよ「おふくろの味」が登場する。初めて登場したのは、確認できた限りでいえば一九五七（昭和三二）年、初出は「味」とはいっても料理に係る書籍ではなく、扇谷正造《おうぎやしょうぞう》が編集した『おふくろの味』という随筆であった。[*3] その冒頭を引用してみよう。

たしかアンドレ・モロアだったと思う。「よく眠れない時は、子供時分のことを回想するといい」という言葉を読んだことがある。

仕事で疲れ切った時など、頭のシンの方が、妙に冴えて、眠れぬ時など、たしかにこの方法を用いると、眠れぬまでも少なくとも心が静かに優しくなることは確かである。

しかしこの回想は、フッと二人の人物に行き当ると、糸が切れたタコみたいになる。父や母のことである。記憶が今日でも余りにもナマナマしいからである。何故なら自分の実父母に対する回想は観念が回想するのではなくして肉体が回想するからである。

［…］

過去の記憶の中でも特に鮮明で肉体が回想する、というのは印象深い表現である。同書では、作家、活動弁士、棋士《きし》、政治家、大学教授など、編者を入れて一一人の著名人が「わが母の記」という共通のテーマで随筆を綴《つづ》っている。随筆の執筆者全てが男性であること、多くの作品が時に自身の思春期や青年期における母親に対する自身の冷たい態度を悔やんだりしながら、それゆえに母親の言葉や姿を懐かしみつつ、慈《いつく》しみつつ、その記憶を綴っていることがこの随筆集の特徴である。

残念ながら、『おふくろの味』という表題についての特段の解説はない。しかも、執筆者は母、母親、なあさあ（島根県石見《いわみ》地方の言葉で「なみ」という母の名を呼ぶ愛称）とそれぞれに好みの呼び名を使っている。母を使いつつ、「おふくろ」を併用したのは編集者の扇谷で、おそらく彼が時代にさきがけて、「わが母の記」の雰囲気や意図を表現するために「おふくろの味」という言葉を選んだのではないかと推察される。
つまり、「おふくろの味」という言葉はまず、言葉のプロたちによる母親イメージの表現として誕生したということができるのである。

2 「おふくろ」と言っているのは誰なのか?

「おふくろ」という呼び名の使い方

料理や食としての「おふくろの味」が登場するのはこの次の段階になるのだが、それについて考える前に、二つ目の謎を提示しておきたい。それは、「おふくろ」という言葉を実際に使っているのはいったい誰なのか、ということである。

ウェブ情報サイト「だんらん日和」では、「母親の呼び方ランキング」という興味深い調査を実施している（図版1-1）[*4]。

二〇~四〇代の男女八五八人に母親の呼び方とそのきっかけを聞いた同調査によれば、男

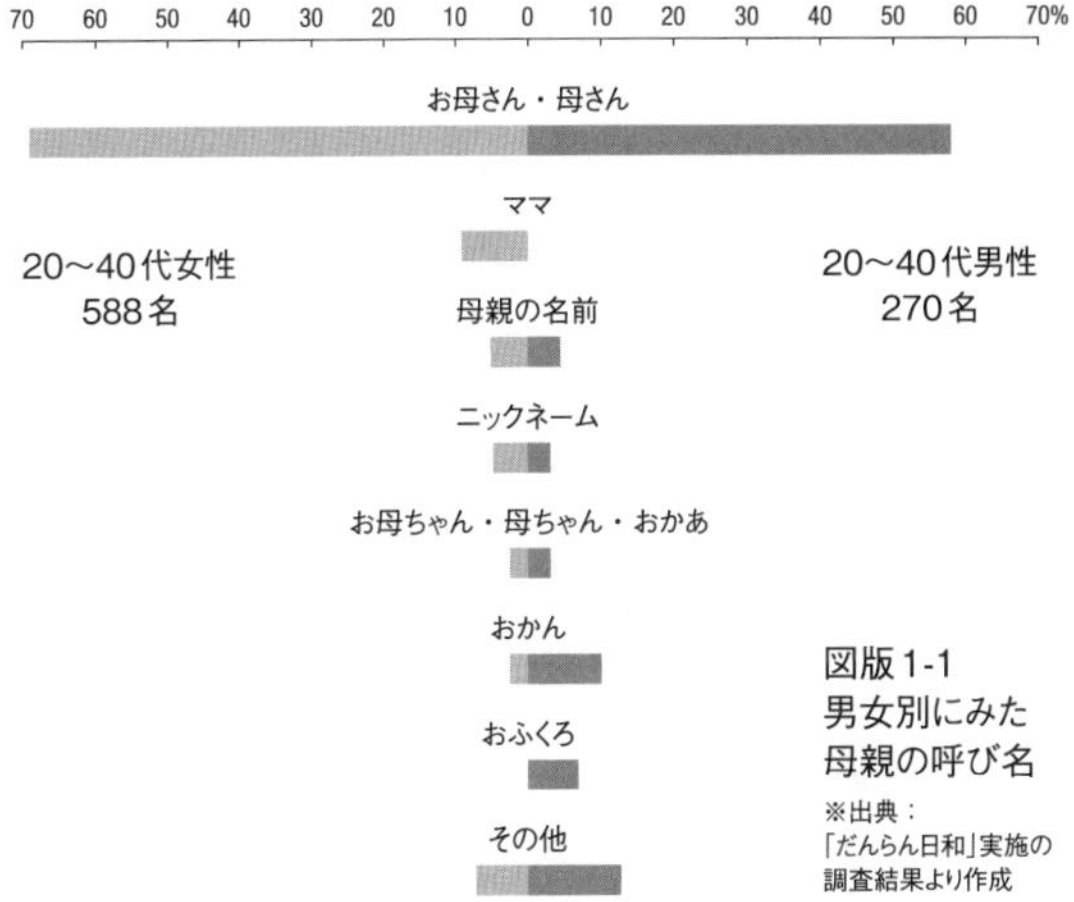

図版1-1
男女別にみた
母親の呼び名
※出典：
「だんらん日和」実施の
調査結果より作成

女ともに「お母さん・母さん」が最も多く、五八％（男性）、六九％（女性）となっている。男性の2位は「おかん」（一〇・一％）、そして3位に「おふくろ」（六・九％）が続く。女性は2位に「ママ」（九・一％）、3位が「母親の名前」（五・一％）である。

この調査結果で特筆されているのが、「おふくろ」は男性特有の呼び名であるということである。私自身の周囲を見回しても、言われてみればなるほど、その通りだと納得させられる。女性が母親を「おふくろ」と呼ぶことはない。では、なぜ男性だけが「おふくろ」という言葉を使うのだろうか。同アンケートの具体的な回答から、その理由を見てみよう。

・おふくろ。大人になってから。（男性／四六歳／神奈川県）
・大学生になってからそうよぶようになった。（男性／四八歳／神奈川県）
・周りの目があるから。（男性／二九歳／愛媛県）
・直接呼ぶときは昔から「お母さん」だが、外では「母」「おふくろ」ということが多い。（男性／四七歳／東京都）

娘は母親を「おふくろ」とは呼ばないが、息子だけが特に人前では「おふくろ」と呼ぶというのは、それ自体、注目すべき現象である。母親の呼び名に男女の差があるというだけでなく、ある特定の場面で自分を親離れした「大人」であると見せたい時に「おふくろ」という呼び名を使うのは、対人関係、社会関係に規定されて意識的に使っているからであろう。

一方、女性がよく使う「ママ」について男女の意見の違いを確認すると、なぜ男性が「ママ」をあまり使わないか、そして、なぜ「おふくろ」を使うようになるのか、その間接的な理由が見えてくる。

・どこで言い換えれば良いのか分からないまま大きくなり、未だママです。（女性／四五歳／大阪府）
・変えるタイミングを失いました。（女性／三〇歳／富山県）
・ママと呼ぶのはダメと、小さい頃に言われたから。（男性／二九歳／三重県）
・母が「ママ」と呼ばせたくなかったようで、物心ついたときから「お母さん」。（男性／四〇歳／神奈川県）

内包される規範

女性は何となく使い続けてきた「ママ」も、男性は幼少期に母親から「ママ」を使わないようにと呼び名をしつけられたという理由から、自分自身の好みばかりでなく、周囲から求められる規範、例えば「男らしさ」などを理由に、母親の呼び名を選ばされている状況がわかる。『日本語は「空気」が決める――社会言語学入門』の著者、社会言語学者の石黒圭《いしぐろけい》によれば、人が集まる場ではある種の「空気」が支配し、それに同調することが求められる。[*5]そうした状況下で、私たちは「空気」を読み取って、自分が使うべき言葉を選び取っているのだという。言葉には、方言のように「地域」に根差したものだけでなく、男らしさ、女らしさという「ジェンダー」（生物学的な差ではなく、社会や文化によって規定された男女の差）に根差したものがある。母親の呼び方は、まさにその一つであろう。

つまり、なぜ、男性は「ママ」と呼ばないほうがよいのか。また、なぜ男性は一人前の大人と思われたい時に「おふくろ」という呼び名を使うのか。それは、多分にジェンダーにもとづいた本人による使い分けがなされ、かつ周囲にもそれが求められているからと、説明することができるのである。

「おふくろ」という呼び名をめぐってはもう一つ、「状況に合った言葉選び」という要素も加わっている。例えば「自分」を表す一人称表現を選ぶ時、大学のサークルでは「オレ」、ゼミでは「ぼく」、就職活動では「わたし」となぜ使い分けるのか。それは、私たちが置かれた状況を読み取って、言葉を選んでいるからである。家族といる時、友人といる時、学校にいる時、職場にいる時の場面ごとに言葉を変えるのは、それぞれの「場」でどのような立場が求められているのか、つまり社会の規範を読み取ってそれに対応している結果でもある。

母親に対する呼び名にも同様の現象がみられ、年齢や性別によって「おふくろ」という呼び名を使う人が限られるだけでなく、家では「母さん」や「ママ」を使っている人でも、職場では「母」、同僚たちには「おふくろ」などと使い分けていることは、決して珍しいことではない。

そうだとするならば、なおのこと、「おふくろの味」という言葉がジェンダーや社会規範を伴う場の空気から離れて広く社会で使われる言葉になるには、何らかの意図的な仕掛けがあったのではないかと考えられるのである。

3 「おふくろの味」は誰がつくっていたのか？

ごはんをつくる人の歴史

ここまで、「おふくろ」という言葉はどこから来たのか、「おふくろ」という言葉を使っているのは誰か、という二つの謎を解いてきたが、三つ目の謎として、「おふくろの味」は誰がつくっていたのか、ということについて考えてみたい。それはもちろん「お母さん」でしょう、という答えが聞こえてきそうだが、この謎に対しては、本当にそうだろうか、とその自明性を疑うところから話を始めなければならない。

父親と母親、そして子どもたちがいる家庭の中で、母親がごはんをつくり、家族皆でちゃぶ台を囲み、ご飯と味噌汁と副菜を食べる食事風景。近年ではそれを「古風」と感じ、「母親だけがごはんをつくる」というステレオタイプを打ち壊し、新たな家族のスタイルが模索されているが、そもそも、その役割分担や食卓のイメージはいったい、いつ頃からあったのだろうか。

結論からいえば、古代、中世、近世、近代、そして現代に至るまでずっと変わらず「お母さんがごはんをつくってきた」というのは実は誤った認識である。明治・大正期の世相の変化を描いた柳《やなぎ》田《た》國男《くにお》は次のように言っている。[*6]

> 温かい飯と味噌汁と浅漬と茶との生活は、実は現在の最小家族制が、やっとこしらえ上げた新様式であった。

両親とその子どもだけが構成員の、いわゆる「核家族」の誕生とそこで繰り広げられる料理や食卓の風景は、近代になってようやく登場した新しいスタイルだと柳田は言う。今からさかのぼること、一〇〇年余りの歴史しかない。これを長いとみるか、短いとみるかは個人によって異なると思うが、「御袋」という言葉が五〇〇年前から存在していたことを考えると、核家族の歴史はまだまだ短いといえるだろう。

「家庭料理」が誕生し、発達したのも西洋文化の影響を大きく受ける明治時代以降であった。[*7]それまでは穀物などの主食が食事の中心であり、日々のおかずにバラエティを求める必要もなかったため、日常食への関心が高まることはなかった。そこに「栄養」や「衛生」に関する知識などの西洋文化が導入されると、日常食への関心が徐々に高まり、その実践の場が、新たに誕生した「家庭」に求められた。『家庭料理の近代』の著者、江原絢子《えはらあやこ》は次のように言う。[*8]

> […]それまで主要であった炊飯や簡単な煮物に加えて、西洋風にアレンジされた料理や、肉類やじゃがいもなど西洋料理に多用される食材を和風料理に応用したものなど、新しい料理と料理技術が家庭内に入っていく様子を追ってみたい。
>
> 家庭料理に新しい料理や技術を取り入れたきっかけとなったものとして、学校教育や情報社会での雑誌や料理書などがある。

この時期には「良妻賢母《りょうさいけんぼ》」という規範が広く普及するようになり、家庭の中の「妻」であり「母」である女性に求められる役割や規範が強化され、固定化されていった。「家族の食事を作ること」も、その役割の中に含まれていた。とするならば、近代以降の家庭料理の誕生がきっかけとなり、「お母さんがごはんをつくる」と多くの人が思い込むようになったのではないか、という仮説が成り立つ。

ところが、ここにもまだ疑問が残る。今となってはほとんど見かけることがなくなったが、昭和戦前期までの日本では、特に裕福ではない家庭でも「女中《じょちゅう》」がいることは珍しいことではなかったからである。家庭や主婦が誕生したこの時代でも、家事が複雑になっていけばいくほど、それらを分担する女中が不可欠だった。昭和戦前期まで、女中は女工と並ぶ、女性の一大職業であった[*9]。そして、女中の重要な仕事の一つが炊事、つまり食事の準備だったのである。

こうした状況をふまえると、近代家族、つまり「家庭」が誕生したことが「お母さんがごはんをつくる」ことに直接つながったわけではなく、日々食べていたのは、女中がつくる食事だった場合も少なくなかっただろう。だから、厳密にいえば、「お母さんがごはんをつくる」というスタイルが完全に定着するのは、これよりもっと後の時代ということになる。
むろん、こうした状況の変化は概ね都市部に限られていたとみるべきであるということも付け加えておかなければならない。農山漁村地域では核家族よりも労働組織としても機能する複数世代家族がその後も根強く存在していた。しかし、そこでもやはり、「お母さん」だけが食事の準備をしていたわけではなかったのである。

女は機織り、男はかしき

例えば、機《はた》織りなど、女性が主力となる産業が展開する地域では、舅《しゅうと》を含めた男性たちも食事の準備をした。二五年前に私が調査で訪れていた結城紬《ゆうきつむぎ》という伝統織物を織る地域では、一九九〇年代でも「女は機織り、男はかしき（台所仕事）」という言葉があり、炊事を分担する男性たちは健在だった。[*10]
民俗学者の瀬川清子《せがわきよこ》は、今から約七〇年前の一九五〇（昭和二五）年に長崎県の対馬《つしま》で宿泊した宿で見た炊飯の様子を次のように記録している。[*11]

［…］ここでは炊事を「御飯あつかい」という。私の泊った宿のじいさんは、年のせい

か夜眼が覚めると眠れないそうで、夜中の二時三時に起きていろりに火をたいて大麦の飯を炊く。煮えあがると水を入れてゆっくりと煮る。又煮えあがれば水をさして煮る。草履を作りながら煮水を三度さしてかしぐ。丸麦の御飯炊きに長時間を要するので、こういうおじいさんのいない家では、どこでも朝は前日の冷麦飯に玉葱かカンランか若《わか》布《め》・アオサの味噌汁、それに塩辛と漬物である。昼の弁当も冷麦飯に烏賊やトビ魚の干物、酢味噌を持って行って畑の胡瓜を鎌で切ったり海藻をとったりしてつけて食う。

火を扱う「御飯あつかい」は、その家ではたまたま早起きなおじいさんが担当するということや、当時の炊飯にはかなりの時間がかかっていたということ、そして、ほとんどの家では毎食温かい食事をするわけではなく、煮炊きの機会は日々の労働との兼ね合いで限られていたことなどがわかる。また、毎回料理するというのではなく、保存食や手を掛けずに食べられるものが中心であった。毎度の食事で温かいごはんと惣菜が出てくることは皆無に等しかった。

　各地の農山漁村を回って聞き取り調査をすると、状況に応じて臨機応変に家族の誰かが食事の準備をするという話をよく聞いた。[*12] 水道やガスがまだない高度経済成長期以前には、水汲みや炊事に多大な労力を要することもあり、田畑で一日中働く父親や母親の帰りを待ちながら子どもたちがかまどでごはんを炊き、食事の準備をすることも珍しいことではなかった。農繁期には「結《ゆい》」（労働の相互扶助）の時に、共同で食事やおやつの準備をしたり、持ち寄ったりすることもごく当たり前の風景であった。つまり、「お母さん（だけ）がごはんをつくる」という姿やイメージが日本社会に広く定着するのは、高度経済成長期以降であり、比較的新しい出来事だと考えられるのである。

「おふくろの味」と食風景のイメージ

以上をふまえると、「おふくろの味」は意外に新しい概念なのではないか、という仮説が成り立つ。「おふくろ」という言葉自体が醸し出す、「伝統」や「懐かしさ」の風情に気を取られ、あたかも古くからある言葉と思い込みがちであるが、実はそれは単なるイメージに過ぎないのではないか。謎は深まるばかりである。

子どもの頃、まな板の上でおふくろがトントンと野菜を切る音を布団の中で聞きながら目を覚ましたという思い出、割烹着《かっぽうぎ》姿のおふくろが床に膝をついてぬか床を混ぜる後ろ姿、おふくろがふっくらとした手で握ってくれたほかほかのおにぎり……。

「おふくろの味」から連想される、こうした食風景のイメージはいったいいつから、どのように形成されてきたのだろうか。

以下ではまず、時代の流れをつかむために、「料理本」を資料として、「おふくろの味」が私たちの社会に浸透していくプロセスの大まかな傾向を、その時代背景に目配りしつつ押さえておきたい。

4 「おふくろの味」とその時代

「おふくろの味」を冠した書籍

「おふくろの味」という言葉の初出は、戦後の随筆集のタイトルであったことは先に述べた。それでは「料理」として登場するのはいつ頃なのだろう。

その手がかりをつかむために、国立国会図書館に所蔵されている書籍のうち、「おふくろの味」という言葉がタイトルに含まれている本をピックアップし、時代順の一覧表を作成し、

年代	冊数	編著者			
		作家	料理研究家	地域	不明
1950	2	2	0	0	0
1960	2	0	2	0	0
1970	35	2	24	8	1
1980	28	0	19	9	0
1990	41	0	32	9	0
2000	0	0	0	0	0
合計	108	4	77	26	1

図版1-2　「おふくろの味」を冠した書籍数
※出典：国立国会図書館ウェブサイト2021年3月4日アクセス時点のデータ

時代ごとに傾向をまとめた（**図版1-2**、巻末の**付録**も参照）。

総数は一〇八冊、そのうち随筆、教育、習俗、不明のもの七冊を除く、約一〇〇冊が全て料理に関する書籍である。初版の発行年に着目すると、一九五〇年代に二冊、一九六〇年代に二冊（二％）、一九七〇年代に三五冊（三二％）、一九八〇年代に二八冊（二六％）、一九九〇年代に四一冊（三八％）となり、一九七〇年代以降の出版が圧倒的に多いことがわかる。ところが「おふくろの味」を冠した料理本は二一世紀に入るとほとんど出版されなくなる。類似の料理、献立《こんだて》を掲載した料理本は現在も出版され続けているが、読者へ伝えるメッセージとして「おふくろの味」という言葉が選ばれなくなったということなのであろう。ここにもまた、重要な社会の変化が潜んでいるに違いない。

これらの書籍データから時代区分をする前に、一〇〇冊余りの料理本のタイトルを眺め、全体に共通する「おふくろの味」に付随するイメージや特徴、構成要素を列挙しておこう。「おふくろの味」の定義の拠《よ》りどころとなる場は「ふるさと」「郷土《きょうど》」「家庭」であり、具体的な料理としては「煮物とみそ汁」「お惣菜」「保存食」「漬物」が並ぶ。作り方の特徴は「手づくり」「素材を生かす」ことであり、大切にしているものとして「親と子」「季節」「旬」などが挙げられている。そしてイメージを表す言葉として「懐かしい」「定番」「和風」などが使われている。一瞥《いちべつ》しただけでも、この一〇〇冊余りの世界に、すでに私たちが「おふくろの味」と聞いて想起する言葉やイメージがほぼ過不足なく凝縮されていることがわかるだろう。

味の担い手の多様化

まず、多くの料理本が出版されるようになった一九七〇年代をみていこう。一九七〇年代に入ってからの新たな傾向として特筆すべきは、複数の女性たちが「おふくろの味」の料理本の執筆者として加わったということである。遠藤《えんどう》きよ子《こ》、辻千代子《つじちよこ》、阿部《あべ》なを、そして村《むら》上昭子《かみあきこ》が名を連ねる。このうち、村上昭子は一九九〇年代までバラエティに富んだ「おふくろの味」本を世に送り出し続けた。言ってみれば、「おふくろ的存在」となる人物自身がおふくろの味を伝え、啓蒙していくチャネルが加わったというのがこの時期の特徴である。それは婦人向け雑誌がその主たる場になっていたこととも関係しているのだろう。また、この時期に栄養士による「ふるさとの味」の価値づけが登場したことも見逃せない。

一九七〇年代後半からの注目すべき傾向としては、著者に料理研究家だけでなく、生活改善グループや生活改良普及員、婦人会や保健所、農林業振興会、観光協会など「地域」に根差した編著者が加わり、それらが主体となって「地名」を冠した「おふくろの味」本を刊行したこと、一九八〇年代後半以降には老人クラブによる出版が相次いだことを挙げておきたい。

故郷に暮らす人びと自身から発信される「おふくろの味を伝えよう」という意思を含んだ記録が一つの社会運動のように展開し、これは一九九〇年代まで持続する。その背景には社会や食の大変化があったことが想定される。

一九七〇年は、冷凍食品や欧米料理普及のためのパイロットレストランが披露された大阪万博開催の年であり、農業分野ではコメ余りによる「減反《げんたん》政策」が始まった年でもある。高度経済成長真っただ中のこの時期には、各地で工業化が進み、地域固有の暮らしが次々と失われ、忘れ去られようとしていた。こうした状況が各種団体による料理本出版に反映されている。

一九八〇年代にはもう一つ、目を引く傾向がある。それは、ふるさとの味をめぐる男女のせめぎ合い、立場の違いの表出である。「亭主好みの」や「亭主の好きな」という説明を付加することで、ふるさとの味を妻が夫のために作るというメッセージを伝える本が出版される一方で、一九八四年には『男の料理「おふくろの味」』という一書が出版された。この本は雑誌『週刊ポスト』から生まれており、一般の男性たちの「おふくろの味」に対する興味が「料理」にまで及び始めたことがわかる。しかし、「納得いくまであらゆる創意と工夫を楽しむ男のホビー」という副タイトルが付され、それはあくまでも「ホビー」（趣味）に過ぎないと明記されていることも見逃せない。時代状況に目を向ければ、同書が刊行されたのは男女雇用機会均等法が制定される一年前のことであった。

以上、出版された書籍の一覧から大まかな傾向をつかむことができた。しかし、こうした書籍に対する読者の受け止め方、読者以外の人びとの存在を含めて考えるには資料的な限界もある。そこで、次章からは、具体的な事例やデータにもとづいて論じていきたい。

「おふくろの味」をタイトルに冠した書籍データを俯瞰すると、「ふるさと」「郷土」「家庭」が、その定義の拠りどころとなっている傾向が見出された。これを手がかりとすれば、誰が郷愁の味をつくったのか、その謎に迫っていくことができるかもしれない。具体的には、第二章、第三章では「都市」と「農村」という場、「高度経済成長期」という時代とおふくろの味の関係に着目する。第四章では「家族」が「家庭」を設けた時に形成されるイメージに言及し、第五章では都市、農村、家族という視点からみえてきたことを俯瞰しつつ、時代ごとに書籍、ドラマ、漫画などのメディアとの関係に注目し、それぞれの立場や視点からみたおふくろの味について考察していくことにしよう。

＊1　中村尚輔『蘚《こけ》の露』歌文珍書保存会、一九〇九年にその指摘がある。
＊2　日本随筆大成編輯部編『日本随筆大成　第二期　巻五』日本随筆大成刊行会、一九二七〜一九三一年。
＊3　扇谷正造編『おふくろの味』春陽堂書店、一九五七年。同年、『おふくろの味　続』も出版された。
＊4　「20〜40代の男女に聞いた！母親の呼び方ランキング」親孝行・家族のお祝いメディア－【だんら

ん日和】(danlan.jp)。

＊5 石黒圭『日本語は「空気」が決める——社会言語学入門』光文社新書、二〇一三年。

＊6 柳田國男『柳田國男全集』二六、ちくま文庫、一九九七年。なお、『明治大正史 世相篇』は一九三一年一月に『明治大正史』第四巻として朝日新聞社より刊行された。

＊7 江原絢子『家庭料理の近代』吉川弘文館、二〇一二年。

＊8 同前。

＊9 小泉和子編『女中がいた昭和』河出書房新社、二〇一二年。

＊10 湯澤規子『在来産業と家族の地域史——ライフヒストリーからみた小規模家族経営と結城紬生産』古今書院、二〇〇九年。

＊11 瀬川清子『食生活の歴史』講談社学術文庫、二〇〇一年。

＊12 次の論文にも同様の指摘がある。竹内由紀子「調理担当者からみた食生活——料理人を中心に」田中宣一・松崎憲三編著『食の昭和文化史』おうふう、一九九五年。

第二章

都市が
おふくろの味を
発見する

——味覚を通じた「場所」への愛着

1 地名食堂の系譜

「おふくろの味」前史

第一章で、「おふくろの味」というのは、単純に「母の味」と直訳できる言葉ではなく、そこにはふるさとや故郷や家庭、各地の風土などの意味が含まれていると述べた。そこで本章では、「おふくろの味」という言葉が誕生した背景を、太平洋戦争後の復興期、高度経済成長期という時代に照らして考えてみることにしよう。だがその前に少しだけ寄り道をして、「おふくろの味」と類似した現象について触れておきたい。

私は日本各地に調査旅行や学会出張に出かけた先で、あるいは大学の近くの商店街を歩く時、いつも気に留めて探している店がある。それは例えば「信濃《しなの》屋」「近江《おうみ》屋」「磐田《いわた》屋」「出雲《いずも》屋」「上総《かずさ》屋」「三河《みかわ》屋」「伊賀《いが》屋」といった類の名を持つ食堂である。旧国名にちなんでいる店名が多く、地域に根づいて長く営業している老舗《しにせ》が多いのが特徴である。立地している場所の地名を付けているのではなく、例えば東京に様々な地名の食堂が集まっている。

私はそれを「地名食堂」と呼んでいる。地名を店名にしている例は意外に多く、また、全国各地に存在する。それはなぜなのだろうか。

例え話をしてみよう。あなたが知らない町や知らない国を一人で歩いている。言葉はあまり通じず、不安が募《つの》る。ところがそんな時、お腹が減ってきた。入る店を探す。さて、あなたはいったいどんな店を選んで入るだろうか。特にあてもなく探している時などは、自分にとって親しみのある地名や人名、ロゴや看板を目にした瞬間、少しほっとすることがあるのではないだろうか。せっかく外国に来たのだから、そこでしか食べられないものを食べようと最初は張り切っていても、一人旅が長くなり、疲れてくると、日本のコンビニエンスストアや外食チェーン店の看板に不意に励まされることがある。

地名食堂の命名の背景にも旅人の心理をつかまえる、これと同じような原理があるように思える。店主自身がその地域出身者であるというアイデンティティの表明であるという場合もあるが、地名はそれに親しみのある人が（例えば出身地であるなど）、数ある店舗の中から店名に惹かれて立ち寄ること、彼らがその店の居心地の良さを判断するための一種の「記号」となるからである。

実家のような食堂

知らない土地で、SNSなどの情報を駆使して、瞬時に店舗情報や口コミを検索できる現代とは異なり、事前情報が全くない中では、店名に含まれている地名は、旅人にとってほとんど唯一の重要な手がかりに違いなかった。

例えば、長野という地域を意味する「信濃屋」や「美篶《みすず》屋」といった地名食堂の暖簾《のれん》をくぐる。そうすると、「野沢菜」や「鯉《こい》こく」というお品書きに並んで「信濃の国」という県歌が掲げられていることに気づく。そして、黙っていてもその場は自分の故郷のように思えてほっとする、という類の話を長野県出身者から聞いたことがある人もいるのではないだろうか。

「地名食堂」は一般的には「大衆食堂」という位置づけで親しまれている。大衆食堂についての作品が数多くあるライター遠藤哲夫《えんどうてつお》は、一九六〇年代に大学進学のために新潟県の六日町（現・南魚沼《みなみうおぬま》市）から東京に出てきた一人である。新宿駅西口の「思い出横丁」を歩いていると、無性にゼンマイの煮物が食べたくなり、意を決して店に飛び込んだ。そこで故郷の山菜採りの思い出に浸りながらゼンマイの煮物を食べたのが、大衆食堂との出会いだったという。以来、遠藤にとってそこは「望郷の場所」であり続けているのだという。[*1]

京王線笹塚《けいおうせんささづか》駅前の商店街の一角に「常盤《ときわ》食堂」という古い食堂があった。地名が付いていたので、私は迷わず暖簾をくぐり、そこで昼ごはんを食べた。店の女将《おかみ》さんに話を聞いてみると、かつては朝から店を開けていたため、朝ごはんを食べて、弁当を詰めてもらい、夕方に空の弁当箱を返しがてら夕食を食べていく人もいたという。

つまり、その時代には朝昼晩の三食とも常盤食堂で食べている客がいたということになる。まるで実家であるかのように食堂を利用するのである。食堂の女将さんに、本にも書かれているから読んでみて、と勧められたのが遠藤のエピソードだった。そこには遠藤自身の経験が次のように書かれていて[*2]、なるほど、と腑《ふ》に落ちた。

下宿暮らしで実家の仕送りは途絶えがち、印刷製本のアルバイトで食いつなぐ日々だったが、結局、実家が商売に失敗して大学を中退した。懐に余裕がなくても、大衆食堂は、安くて落ち着ける場所。家庭の延長でもあった。

全国の地名食堂の創業は古いものでは江戸時代からあり、近代、現代にも誕生している。古い食堂が立地している場所は大小の街道沿いが多いことからみて、往来の旅人のための飯屋としての営みから始まったものも少なくなかったと考えられる。近世、近代、現代のそれぞれの時代において、都市の拡大、経済成長、人びとの移動に伴う離郷や離村が多かれ少なかれ生じてきた。「地名食堂」は、このように絶えず社会に存在する故郷から離れて往来し、漂泊する人びとの拠りどころとして、故郷の「味」と、ひと時の心休まる時間を提供している場となってきたのである。[*3]

したがって、「おふくろの味」という言葉が誕生する以前においては、この地名食堂が故郷や風土を想起させる「おふくろの味」を提供する存在であったともいえる。本書ではこれを「おふくろの味」という言葉が誕生する前史として位置づけておきたい。

2 東京昭和の「おふくろ」たち

離郷と望郷の物語

地名食堂をおふくろの味の前史と位置づけたのには理由がある。都市化や産業化による人の移動や地域の変化が生じると、「故郷」的なものや場所が求められ、再発見されるという展開が、おふくろの味の誕生経緯と類似しているからである。『「故郷」という物語——都市空間の歴史学』を著した成《なり》田《た》龍《りゅう》一《いち》によれば、都市空間の中で展開される故郷の記憶をめぐる物語は、一九世紀後半以降の日本で、絶えず紡ぎ出されてきた。[*4]

　そして、故郷と類似する「郷土」という言葉も、工業化や人口移動が生じ、社会が大きく変動する中で、繰り返し想起され、議論されてきた。[*5] 大正末期から始まる「民藝運動」、昭和初期（一九三〇年代）の郷土教育運動[*6]、第二次世界大戦前の郷土食研究[*7]、などもこれに含まれる。

　この傾向に照らせば、「おふくろの味」が一九五〇年代に登場し、その後、外食、各種メディア、そして家庭において盛んに用いられるようになるのは、単なる個人の嗜好の問題ではないことがわかる。それは「故郷」を再発見し、強調していこうとする「社会傾向」、もう少し積極的にいえば、緩やかな「社会運動」の一つとして位置づけられるのではないかと私は考えている。

　したがって、そうした運動を引き起こすような社会的背景に目を向けることは重要であろう。ただし、緩やかな「社会運動」とはいっても、戦争との関わりで、多分にナショナリズムの高揚を意図した運動も含まれており、また、郷土食の見直しは、外米の入手が困難となった戦時期に「米」以外の食糧を再点検するためであったということも付け加えておかなければならない。

上野駅にて

ふるさとの訛《なまり》なつかし　停車場の　人ごみの中に　そを　聴きにゆく

岩手県出身の歌人、石川啄木《いしかわたくぼく》の『一握《いちあく》の砂』に収められたこの一首が刻まれた碑《ひ》が上野駅構内に置かれている（**図版2-1**）。

常磐線《じょうばん》のホームを出て中央正面口に向かう通路には、「仰ぎみれば　故郷の星　ここにあり　きらめく星　ふれあいの星　わが心をうるおす」と刻まれた石板が埋め込まれ、その真上に星のモニュメントが輝いている。それらは、東北地方から東京への玄関口であった上野駅が、近代以降、東京の中でもとりわけ「ふるさと」や「故郷」への郷愁を誘う場所として親しまれてきたことを雄弁に物語っている。

その上野駅の広小路口を出て少し南に下ったところ、アメ横のすぐ近くの繁華街に「みちのく直送　酒と肴いろいろ」と記された看板を出す一軒の料理屋がある（図版2–2、2–3）。一九五九（昭和三四）年に青森県出身の一人の女性が始めたその店は、今もなお健在である。彼女の名前は阿部なを（一九一一〜一九九六年）といい、店の名前は「踏まれても踏まれても、どこまでも続くあぜ道」という意味の「畔」、東北の「北」を合わせて「北畔《ほくはん》」と名付けられた。[*8]

図版 2–1　上野駅構内にある石川啄木の歌碑（2022 年、著者撮影）

店を開いてすぐ、酒の肴の味とその魅力的な女将ぶりが評判になった。同店は、冬、青森から長靴で上京してきた男性たちが立ち寄って、革靴に履き替えて仕事に出掛けることのできた場所でもあり、阿部は青森の人びとにとっての「東京の母」の役割も果たしていた。芯の温かさと包容力に、涙をこぼした客は老若男女を問わないという。[*9]

東北地方から東京への玄関口であった上野駅近くに「みちのくの味」を供する場所があ

り、津軽弁の女将さんが迎えてくれることは、そこに立ち寄る人びとにとって、単に食欲を満たす以上の大きな意味があったことだろう。

群衆のなかに故郷を捨ててきしわれを夕陽のさす壁が待つ*10
ふるさとの訛りなくせし友といてモカ珈琲はかくまで苦し*11

青森県から早稲田大学への進学のために東京に出てきた寺山修司《てらやましゅうじ》は、生涯、津軽弁を手離さなかったと言われている。彼もまた、北畔に親しんだ一人であった。季節の移ろいや土の匂いがかき消されるような東京にいて、北畔では一皿一皿の料理の中にそれらを感じることができた。

みそ汁に　はこべ浮かべて　こと足りて
犬ふぐり　身の程　知るや　空の色*12

畦道《あぜみち》や路傍《ろぼう》で春の芽を出す「はこべ」を慈しんでみそ汁に浮かべる。こうした句を詠む阿

図版 2–2　北畔外観（2021 年、筆者撮影）

図版 2–3　メニュー看板（2021 年、筆者撮影）

部なをの料理には、気取らないふるさとの日常が映されていた。お品書きには春の名物天然山菜のてんぷら、行者《ぎょうじゃ》にんにく、夏には鮎の風干し、秋には岩木山麓《いわきさんろく》天然きのこ、冬には名物津軽雪鍋《ゆきなべ》などが並び、四季折々の津軽の味を堪能することができる。私が同店を訪れた二〇二一年四月の初旬には、「早摘み若布のしゃぶしゃぶ」という一品があり、湯通ししていない採れたての若布、セリ、菜花を鍋に入れ、青森の春の味を堪能することができた。

野暮から永遠性への転換

北畔を切り盛りしていた阿部なをは、後に料理番組で活躍するようになり、いくつもの書籍を出版して、上野という地にとどまらず日本全国に知られるようになった。自叙伝と料理を歳時記風に記した『小鉢の心意気』という一冊には、彼女自身による「〝おふくろ〟とは」という短文が収められている。店に足を運ぶ客人から「おふくろ」と呼び掛けられながら、親しみを込めたその呼び名の意味を考えるようになったのだろう。

阿部は「おふくろとは少々古くなった母親への名称」で、「男性独自の甘ったれ心がつくりあげて来たのでは」と言い、「復古調のこの頃は心暖まるものの代名詞にさえなっている」と綴っている。しかも、かつては「野暮」とさえいわれかねない「おふくろ」が、悲母観音《ひぼかんのん》と重なった「永遠性」をつくりあげているのではないか、と社会の変化を踏まえた秀逸な考察を加えている。阿部なをは人形作家でもあり、芸術家との親交も厚かったため、おそらく狩野芳崖《かのうほうがい》が描いた「悲母観音」の絵画を思い浮かべてこのような思いをめぐらせたのだろう。

そして、「おふくろの味」についても次のような情緒豊かな文章で表現している。

おふくろの味とは、豪華でも珍味でもなく、何気なく食べさせられたとるに足りないものが、ある日それが大きなささえになっている不思議さ。[*13]

世の移り変わりにも揺るがず、自信をもって「平凡な食事」を無言の愛情をこめてつくりつづけることを伝えた阿部なをの料理哲学はその後、メディアを通して少なからぬ人の共感を呼ぶようになった。それは逆に、実際の社会では、世の移り変わりが激しく、料理をめぐる状況もまた、大きく様変わりする時代が到来していたことの反映でもあったともいえるのではないだろうか。

東京のおふくろたち

上野で「北畔」が繁盛していた頃、阿部と同世代の女性が東京日本橋の室町に「こけし」という店を開いていた。女将は山形県出身の酒井《さかい》佐和子《さわこ》（一九〇七～一九八四年）である。同店は〝漬け物十五種とごはんとお茶〟などのメニューが人気で、酒井の自宅の地下室には漬物の四斗樽《しとだる》が二〇～三〇並んでいたという。店の手伝いや弟子として、東北出身の女性たちを多く預かり、多い時には六～七人が同居していたという。[*14] 酒井の山形弁は人気を呼び、後に彼女はテレビの料理番組や料理雑誌などで活躍するようになる。

酒井は一九五六（昭和三一）年に『田舎料理歳時記――山の味里の味』という書籍を出版している。[*15] 書籍名をデータとして第一章で確認したように、「おふくろの味」を冠した料理本の初出は一九六〇年代であったが、「田舎」や「山の味」、「里の味」をテーマとしたその系譜はすでに、一九五〇年代に酒井によって提案されていたことになる。

酒井の独自性は何といっても、「漬物」を中心に据えて、山形をはじめ、各地の味を提供し、伝えようとしていたことにあった。高度経済成長期以前の日本各地では、ご飯と味噌汁、そして漬物が日常食には不可欠であった。こと、漬物は各家庭で仕込むため、地域ごとはもちろん、家ごとの味の特徴があるものだった。したがって、この時期に郷土を離れた人びとにとって「漬物」は、ごくありふれた日常の味を象徴するものであると同時に、地域や家の味、つまり、「おふくろの味」を象徴する一品にほかならなかった。

ところが漬物というのは、一人暮らしや都市部の小さな住宅の中で漬けるのは難しい。大量に仕込むこと、漬物樽を保管する場所があること、漬ける材料や熟成に必要な気候条件が揃うことは、都市部ではほぼ不可能だったからである。何気なく毎日食べていた漬物がこんなに作るのが大変だったとは、こんなに入手が困難だとは、と痛感した人も少なくなかったはずである。「漬物は遠きにありて思うもの」という郷愁もまた、高度経済成長期の中で生まれ、それがその後しばらくの漬物加工会社の発展を促すことにもなったのだと思われる。

こうした状況をふまえると、酒井佐和子の店「こけし」は、漬物の味と香りで、山形県出身者はもちろん、東北や地方から東京へ来た人びとの郷愁を誘ったに違いなかった。ここでは「北畔」の阿部と「こけし」の酒井、二つの事例を取り上げたに過ぎないが、おそらく有名無名含めて、東京や大阪、そして各地方都市にはこうした「郷土の母」的な存在がいて、「おふくろの味」を味わえる店がいくつも存在していたのではないかと推察されるのである。

3 「おふくろの味」誕生の時代

集団就職と高度経済成長期

離郷したからこそ高まる望郷の想い。

ある時期になるとそれは「地名」ではなく、「おふくろ」という言葉や概念に表象されていく。

大正期に「ふるさとは遠きにありて思ふもの」と表現したのは室生《むろう》犀星《さいせい》であるが、[*16]そうした想いを抱きながら生きる人びとが増え、社会に占める割合が急速に高まる時代が戦後に訪れる。その波は、高度経済成長期を支えた人びと、いわゆる「金の卵」たちの集団就職という現象として押し寄せてきた。

集団就職とは、日本の高度経済成長期に、地方の中学校新卒者が出身学校や地域ごとに大都市の工場や商店に大勢就職した労働力移動のことである。高度経済成長期、特に一九五五〜一九六四年の一〇年間（昭和三〇年代）に注目して、『集団就職の時代――高度成長のにない手たち』を著した加瀬和俊《かせかずとし》によれば、農家の子弟の職業選択にとって次の点で、昭和三〇年代は特別な時代であった。[*17] それは第一に過剰人口が堆積《たいせき》していた農山漁村から二、三男たちが就職機会を求め、一挙に故郷を離れる流れが短期間に生じたということである。そして第二に、中学校新卒者が労働市場の中で枢要な位置を占めた時期であったという点である。

この動向は、「おふくろの味」が誕生する重要な歴史的背景であったと考えられる。なぜなら、戦災からようやく復興した大都市へと移動してきた一五、六歳で食べ盛りの彼らの多くは、地方から都市へと移動した後、その胃袋を故郷とは異なる食事で満たすようになったからである。町工場や商店での住み込みの年少労働者たちは、「食事が与えられるものだけなので、量が少ない」という不満を抱えていた。[*18] ある少年は次のように言う。[*19]

食事はどんぶり一杯しか食べさせてくれず、空腹をおぎなうために、給料のほとんどは、パン代に変わってしまった。

以前、この資料を目にした時、私は彼らが「空腹」であるということだけにしか気がつかなかった。今、あらためてこの文章を読むと、どんぶり一杯の賄《まかな》いと、パンの買い食いによって、ひとまず胃袋が満たされたとしても、「味」という視点でみれば、もしかしたら彼らは時に、故郷の味、母の味を懐かしみ、渇望することがあったのではないだろうか、と思い至る。しかもそれが、労働によって手に入れた給料では決して買うことのできない味だったのだとすれば、渇望すればするほど、それは郷愁へと転じていくのである。

例えば、味噌汁づくりに欠かせない味噌は、高度経済成長期以前、自家醸造する家も多く、また、現在よりも地域による特徴が際立っていた。故郷を離れる前までは当たり前だと思っていたその味が、離れた後に「故郷」や「母」独自の味だったと気づいた人も少なくなかったに違いない。集団就職で長崎県西彼杵《にしそのぎ》半島から岐阜県羽島《はしま》市へ来た一九四九年生まれの男性は次のように回想している。[*20]

岐阜に来て戸惑ったのは、仕事そのものより、生活習慣だった。まず言葉がわからない。食事の味噌汁は赤味噌だった。「白米に赤味噌は合わなかった」と彼は苦笑する。

中京地域の赤味噌については、私も愛知県尾西《びさい》織物《おりもの》業地域の労働者に関する調査をしていた時に、同じようなエピソードを聞いたことがある。九州から来た若い女性労働者たちは、赤い色の味噌汁に驚き、馴染めずに困ったらしい。

故郷の香り

「おふくろの味」という言葉が「帰る場所」、「懐かしい場所」、「かつて日常だったのに今は遠くにある場所」、つまり「故郷」という場所への郷愁を伴って誕生したのは、それを求める人びとがいたからである。集団就職で都市に来た人びとの心情を歌った「あゝ上野駅」がヒットしたのはちょうど、一九六〇年代半ばのことであった。この曲を歌った歌手の井沢《いざわ》八《はち》郎《ろう》自身も集団就職で東京に来た一人であった。

どこかに故郷の香《かおり》をのせて
入る列車のなつかしさ
上野は俺らの心の駅だ
くじけちゃならない人生が
あの日ここから始まった

「父ちゃん僕がいなくなったんで
母ちゃんの畑仕事も大変だろうな。
今度の休みには必ず帰るから、
そのときは父ちゃんの肩も母ちゃんの肩も、
もういやだっていうまで叩いてやるぞ、
それまで元気で待っていてくれよな」……*21

歌詞の冒頭に故郷の「香」とあるのが印象的である。その「香」には、故郷の土や風、作物や草木の香りも含まれているだろうが、土間《どま》、かまど、囲炉裏《いろり》、漬物、飯、味噌汁の香りなども含まれているのだろう。「香」は「味」と同じく、数値では測りにくく、言語化しにくい。しかし、確かに私たちはそこから何かを感受し、記憶を呼び覚まし、想いを馳せることができる。この歌詞に多くの人びとが共感を寄せたのは、そうした感受性に直接訴えかけるメッセージが多分に含まれていたからだと思えるのである。

地方からの人口移動

では実際に、どれほどの若い胃袋が故郷を離れ、都市へ働きに出たのだろうか。集団就職で都市部へ移動してきた正確な人口を把握することは難しいが、『国勢調査』によって都道府県ごとの人口変動を算出することはできる。一九五五年に一〇〜一四歳だった人口が、その一〇年後の一九六五年にどの程度増減したかを実数で示したものが**図版2－4**、一九五五年から一九六五年の間の増減を指数で示したものが**図版2－5**である。一九六五年に二〇〜二四歳になっている人口はちょうど集団就職世代とも重なっており、彼らが高度経済成長期の真っただ中でどこにいたのか、どれほど移動したのか、そしてそれは同世代人口のどの程度を占めるのかを知ることができる。

まずこの世代の全体の総数を見ると、男女とも若干の減少がみられるものの、人口増減率は男性が〇・九%、女性が一・〇%とほぼ変化がない。ところが、大都市部では男女ともに人口が顕著に増加している。男女とも東京、大阪はこの一〇年間に約二倍になっている。

その一方、東北地方や九州地方では全てが減少し、福岡を除く県で約半分にまで減少していることがわかる。先ほど紹介した歌謡曲「あゝ上野駅」は東北地方から東京への集団就職を強く印象づけるが、国勢調査のデータをみると、九州地方からの集団就職の波も見落とし

		1955年（人）		1965年（人）	
		男性	女性	男性	女性
総数		4,815,800	4,692,017	4,496,297	4,572,392
大都市部	東京	381,037	369,969	878,344	701,546
	神奈川	151,080	146,897	292,089	235,183
	愛知	201,730	196,118	276,706	265,136
	京都	98,613	96,065	119,007	110,294
	大阪	222,410	216,989	433,866	386,071
	兵庫	187,868	183,734	213,930	214,077
東北地方	青森	77,826	76,097	45,576	55,793
	岩手	80,128	77,953	40,871	51,669
	宮城	97,907	94,871	64,336	68,363
	秋田	77,802	75,766	35,372	45,459
	山形	77,619	75,679	35,771	43,962
	福島	121,533	118,811	55,343	67,817
九州地方	福岡	199,921	194,688	156,178	178,937
	佐賀	52,641	52,186	21,687	32,514
	長崎	92,611	90,522	43,167	55,331
	熊本	103,498	100,838	46,532	63,613
	大分	71,106	69,567	29,681	45,362
	宮崎	63,873	62,262	27,747	36,501
	鹿児島	115,441	113,030	38,520	52,750

図版2-4　主要都府県別の同世代人口の変化
（1955年〈10〜14歳〉〜1965年〈20〜24歳〉）

※出典：『国勢調査』1955年、1965年より作成

		人口増加指数（1955年からの増加）		1965年の同世代人口に占める割合（%）	
		男性	女性	男性	女性
総数		0.9	1.0	100.0	100.0
大都市部	東京	2.3	1.9	19.5	15.3
	神奈川	1.9	1.6	6.5	5.1
	愛知	1.4	1.4	6.2	5.8
	京都	1.2	1.1	2.6	2.4
	大阪	2.0	1.8	9.6	8.4
	兵庫	1.1	1.2	4.8	4.7
東北地方	青森	0.6	0.7	1.0	1.2
	岩手	0.5	0.7	0.9	1.1
	宮城	0.7	0.7	1.4	1.5
	秋田	0.5	0.6	0.8	1.0
	山形	0.5	0.6	0.8	1.0
	福島	0.5	0.6	1.2	1.5
九州地方	福岡	0.8	0.9	3.5	3.9
	佐賀	0.4	0.6	0.5	0.7
	長崎	0.5	0.6	1.0	1.2
	熊本	0.4	0.6	1.0	1.4
	大分	0.4	0.7	0.7	1.0
	宮崎	0.4	0.6	0.6	0.8
	鹿児島	0.3	0.5	0.9	1.2

図版2-5　主要都府県別の同世代人口増減指数と人口割合
（1955年〈10～14歳〉～1965年〈20～24歳〉）

※人口増減率は、1965年の20～24歳の人口／1955年の10～14歳の人口で算出。
※出典：『国勢調査』1955年、1965年より作成

てはならないことに気づくだろう。*22

この世代の人口増減率はそのまま、労働市場の偏重の表れとも言い換えることができる。女性の減少率が若干低く、男性のそれが高いのは、男性のほうが都道府県をまたいで就職機会を求める移動が多かったことを示している。

一九六五年時点で二〇～二四歳であった世代のうち、男性の実に二割が東京に、一割が大阪に集中しており、東京、神奈川、愛知、京都、大阪、兵庫を合わせると、約五割、つまりこの世代の総人口の半分が何らかの目的で大都市部にいたことがわかる。そのうち、かなりの割合が、一九五五年～一九六五年の間に他県から移動してきた人びとであった。

重要なのは、こうした人口移動や人口集中は、彼らが食べていくための食料需要を増大させたことと合わせて、食経験の変化が伴っていたということである。移動した先での食経験とはつまり、新たな料理や「味」との出会いがあり、順応があったことだろう。そして、そうした状況が時に、これまでの食習慣や食に対する嗜好、自分が故郷で食べ慣れていた味、つまり「おふくろの味」を思い出させることにもなったのだと推察される。

4　都市における同郷団体の形成と「故郷観」

都市における同郷団体

二一世紀に入った現在でも、大学生たちの中には出身地の都道府県や同郷会などが運営する学生寮や賄いつきの下宿を利用している学生がいる。また、大学祭などでは、県人会仲間で出店してふるさとの味をふるまっている様子をしばしば見かける。私が通っていた筑波大学は、学生の多くが全国各地から集まっていたため、出身都道府県の学生組織が存在していた。例えば広島県人会は、年に一度の学園祭で広島焼きを焼く団体となり、毎年大学一の売り上げを誇っていた。こうした動向をふまえると、都市に集まってきたからといって、故郷の味を簡単には手放してしまうわけではない、ということがわかる。

全国各地から都市に人びとが集まると、出身地ごとに同郷であることを契機としたアソシエーション（都市同郷団体）が形成されることはよく知られている。[*23] こうした団体は都市においても地方的、農村的、個性的な文化や行動様式、集団形成の様式を展開する拠りどころとなる。[*24] こうした組織は、戦前期「郷友会《きようゆうかい》」「郷党《きようとう》」という概念で論じられ、戦後には「郷人会」[*25]「同郷団体」[*26]などとも呼ばれてきた。

柳田國男は『明治大正史　世相篇』第五章を「故郷異郷」と題して、次のように書きだしている。[*27]

一度世間へ出てしまった人の故郷観は、村生活の清さ安らかさ楽しさに対しての讃歎が先に立ち、これに次いでは後に残った者の寂寞無聊《せきばくぶりよう》に対しての思い遣りがあった。初期の都市生活の心細さが、人を久しい間家を懐《おも》うの遊子にしていたのは頼もしいが、こうしてあまりにも故郷に重きを置き過ぎた結果は、都市はいつまでもどちら附かずの住民をもって充ちていたのである。

柳田が大正期の都市化の中で感じたこうした人びとの故郷観は、戦後の高度経済成長期の都市化においてはすっかり消え去っていたのだろうか。それは消え去らずに未だ存在していると論じたのは、日本近代史の専門家、色川大吉《いろかわだいきち》である。色川は『昭和史　世相篇』の中で、次のように言う。[*28]

［…］高度経済成長の展開期にはかえりみられることも少なかった出郷者の故郷や村が、オイル・ショックの前後から再発見され、強い関心の対象になったのは、「ふるさと」の急激な変貌があったからばかりではあるまい。出郷者が都市に自分の生活の基盤を（精神的な安らぎの場を）確立できないでいる不安の倒影でもあったろう。六、七〇年代に農業が衰退したからといって、日本の村に住む人びとの暮しが戦前のように貧しくなったわけでもなく、荒廃したわけでもないのだから、戦前の出郷者と「ふるさと」＝村との関係とは質的に違っていたはずである。

　だが、「ふるさと」観は現実とイコールではなく個々人の主観であり、幻想である以上、それが多様になるのはしかたがない。柳田のいうように讃歎になったり、悲哀であったり、あるいは新しい創造的な意欲に燃えたりする場合もあろう。私が紹介した二冊の文集をみても「ふるさと」は、ある人びとにとっては癒し難い傷痕であり、喪失感であり、悲哀であった。また、別の人にとっては「ふるさと」は心を慰める幻想の郷愁であり、それは詩のように美しく優しい追憶であった。

一九九〇年代の調査によれば、同郷団体を形成する出身者の地域は偏在をみせており、比率が高いのは北海道、青森を除く東北、信越、北陸、中国の島根、四国の高知、南九州の所見が際立っている。一方、同郷団体が結成されている地域は東京を中心とした地域が圧倒的に多く、そこに京阪神地域が続く。地方の中小都市や町、アメリカなど海外にも形成されている。

故郷観と「おふくろの味」観

ここでいう「故郷観」「ふるさと観」を、私は「おふくろの味観」にも共通するものであると考えている。故郷観を身体的に感受する拠りどころとして「おふくろの味」が都市に生きる人びとによって発見され、再評価され始めたと言ったらよいだろうか。注目されるのは、それらが個々人の「主観」であり「幻想」であったとされているところである。高度経済成長期とは、言ってみれば、故郷を離れつつもその一方で故郷への想いが募る、都市にとっての思春期の時代であった。

一九六四年に開催された東京オリンピックでは、選手たちの胃袋を支えた料理人たちの存在が欠かせなかった。彼らの挑戦と奮闘についてはＮＨＫ「プロジェクトＸ――挑戦者たち」の「料理人たち――炎の東京オリンピック」に詳しいが、そこに登場する地方から集まってきた料理人たちのエピソードが印象に残る。[*29]

調理場には全国各地から約三〇〇人の料理人が集まった。若い彼らは、日々の過酷な作業の中で疲労することもあったが、その彼らの胃袋と心を支えたのは、故郷から送られてくる食材であったというのである。映像では、寮へ故郷から送られてきた段ボール箱にたくさんの食材を囲む若い料理人たちの嬉々とした姿が記録されていた。「ふるさとの味は遠きにありて思うもの」と実感し、故郷の味を再発見した料理人たちが、世界中から集まる選手たちのために料理をふるまう。それがオリンピックを支えた食堂の風景であった。

故郷の味を食べながら、同郷の料理人同士が励まし合ったというこのエピソードは、世界各国の料理を学び、身につける最前線の現場のただ中で、食べ慣れた「ふるさとの味」が彼らの拠りどころであったということを示す好例でもある。

失われゆく折々の味と風景

東京オリンピック開催の翌年の一九六五年、タイトルに「味」を冠した一冊の本が日本経済新聞社から出版された。著者は料理研究家の柳原敏雄《やなぎはらとしお》、タイトルは『味をたずねて』である。[*30] 一月から始まり、一二月までを季節ごとにたどり、各地の味を紹介していく構成になっている。冒頭の一月「古風な小正月の行事」「食生活に残る儀式」は、群馬県六合《くに》村（現・中之条町）の探訪記である。群馬県前橋市で生まれた柳原がいわば自分の出身県の事例から探訪を始めた意図は明記されていないものの、「ふるさとの味を訪ね歩く」という趣向を表明したものだと感じられる。

柳原には同書の前にも一九五九年に『味の風土記』という著書があり、[*31]「おふくろの味」とは冠していないが、各地を、特に地方を訪ねて地域の風習や景色、季節や暮らしを織り交ぜながら「味」を紹介していくその内容は、本書における「おふくろの味」に通ずるものがある。

例えば一月の章に掲載されている「長野県諏訪湖《すわこ》」を参照してみよう。

日本では古くから多くの冷凍乾燥食品が作られている。たとえば、凍豆腐《しみ》、凍コンニャク、寒天、春雨、氷もち、氷そばなど、いずれも自然の寒気で凍結したものを乾燥して、保存に耐えるようにした食品である。

これらのうち、凍豆腐、寒天、氷もちなどの製法が、諏訪湖周辺の農家に伝えられ、厳冬の農閑期の副業として、さかんに行われるようになったのである。

家庭で用いられる食材の製法が諏訪湖周辺の気候や生業と関連づけて説明された後、次のようにその地域の風景や現在進行形の変化が目に浮かぶような記述が続く。

湖南の有賀という集落は、山すそが湖畔におちこむような斜面にあって、晴れた日の農家の庭は、無数にぶら下がった凍豆腐の襖《ふすま》で、湖のながめもさえぎられてしまう。

［…］

下諏訪の湖畔にあるダイヤ豆腐の工場では、アンモニアを冷媒とする冷凍装置で、季節に関係なく大量の製品を市場に送り出している。ここでは膨軟剤としてアンモニアガスを作用させているので、従来のように重曹を使用せず、そのまま熱湯をさすだけで柔らかくもどすことができる。

『味をたずねて』の読者たち

柳原の『味をたずねて』は書籍になる以前に日本経済新聞で七七回にわたって連載されて好評を博していた。読者の多くは、知らない地域や食を知る楽しみを得るというよりも、かつて離れた故郷を思い出し、母の料理や祭りの料理を思い出して懐かしんでいたのだと思われる。柳原が資料を集めて全国を歩き始めたのが昭和三〇年代だというから、ちょうど集団就職列車が盛んに走っていた頃の各地の風景が、『味をたずねて』には書き留められたことになる。

金の卵と呼ばれた彼らが辿り着いた東京やその周辺の地域もまた、急速に変化を遂げている最中《さなか》であった。例えば千葉県浦安町（現・浦安市）は次のように記録されている。[*32]

東京湾を江戸前とよんで、磯の香をふくんだ新鮮な魚貝が河岸《かし》あげされたのは、いまでは昔語りになってしまった。［…］京浜地区が工業地帯になると同時に、この方面の海苔《のり》場や漁場がつぶれ、続いて京葉地区の埋め立てによって東前の漁場も虫の息になってしまった。しょせん東京湾の汚水には魚がすめなくなったのである。

こんな悪条件の中で、東京の下町には自転車の荷台にカゴをのせて、「あさり、はまぐり」と売り声をあげてゆく貝売りを見かけることがある。どこから来たのとたずねると、浦安《うらやす》ですとこたえる。江戸前の潮の香をほそぼそながら東京の町へ送り込む浦安とはどんな町なのであろうか。［…］

浦安の町は〝むき身屋〟の町といってよいほど、むき身業者が多い。［…］ぽつりぽつりと靴底でつぶれる貝殻の音を聞きながら、夕景の町をあとにしようとすると、焼きはまぐりのたれの匂いが空腹の鼻をかすめてきた。

昭和三〇年代、京浜工業地帯の立地や、京葉地区の埋め立てなど、すでに地域は大きな変化に直面していたが、それでも貝売りの売り声や焼きはまぐりの匂いは残っていた。しかし、それから間もなく始まる高度経済成長は浦安の町をさらに劇的に変えていく。著書『味をたずねて』の文庫版あとがきで、柳原は次のようにその急速な変化を語っている。*33

十年一昔という。時の移りかわりとは不思議なものだ。『味をたずねて』を日本経済新聞社から出版したのが昭和四十年四月。資料を集めながら味の旅に出たのがそれより先、昭和三十年頃からである。高度成長の波に乗って日本列島の風物までが、これほど変貌しようとは考えなかったが、そろそろそのきざしは見えていた。〔…〕

一例をあげれば、見出し「潮の香匂うむき身屋の町」の千葉県浦安にしてからが、漁場はすっかり埋め立てられ、マンションや公団住宅が密集して都市化が進み、東京都心とは地下鉄の東西線で結ばれ、二十分足らずの便利さとなった。かつての海苔を干す潮風の香りも、道路にふみしだく貝殻の音も、一昔前の詩情として消えた。

それはただ単に土地利用が変化したのではなく、この地域を舞台とした暮らしと季節の移ろい、土地の恩恵と制約とともに生きる人びとの姿が消えていく過程でもあったのだと実感される。地域に根差した味は今、僅かに残っているに過ぎない。焼きはまぐりのたれの匂い、海苔を干す潮風の香りは遠く記憶にとどめられるのみである。そして間もなく一九八三（昭和五八）年の東京ディズニーランドの開園によって、浦安はさらなる変化を経験することになるのである。

サラリーマンたちが求める味

さて、本章の最後に確認しておかなければならないのは、この記事を読んで懐かしんでいたのはどういう人びとであったか、ということである。先述した集団就職で都市へやってきた若い労働者たちであろうか。おそらくそうではないだろう。当時の日本経済新聞の読者としては、高度経済成長期に増加した大卒者のいわゆるサラリーマンたちが想定される。彼らの中にもまた、故郷を離れた者が多く含まれていた。

図版2‐4に照らしていえば、一九六五年の二〇～二四歳人口九〇六万八六八九人のうち、同年に大学を卒業したのは一六万二三四九人であったので、全体の一・八％に過ぎないが、大学への進学をきっかけに故郷を離れ、卒業後そのまま都市部に立地する企業へ就職した場合、その後も長く、故郷には帰らない人生を送ることになった。そうした人生を選んだ彼らもまた、「味」を通して故郷に想いを馳せる一人にほかならなかった。全国津々浦々のふるさとの味、つまり、おふくろの味を記事にした「味をたずねて」が日本経済新聞に掲載され

続けたこと、それが書籍になったことがその証左であろう。

高度経済成長期は二重の労働市場によって支えられたといわれている。[*34] 一つは先述した集団就職によって都市に集まってきたいわゆるブルーカラーの人びとの層である。そしてもう一つはホワイトカラーのサラリーマンの人びとの層である。学歴や職種は違っても、彼らの多くは進学や就職のために故郷を離れたこと、それゆえに望郷の念を「味」に映し、故郷に想いを馳せる経験を持っていることは共通していたと思われる。

これはまだ私見に過ぎないが、地名食堂と類似した食堂、つまり「おふくろの味」を謳《うた》い文句にした居酒屋や定食屋の誕生は、高度経済成長期の都市で働いていた、離郷した人びとの分厚い層の存在と、彼らの膨大な数の胃袋、そしてそこに付随する「味を通した郷愁」が揃って初めて成り立つものであったといえるのではないだろうか。

つまり、成長著しい高度経済成長期における都市が、「おふくろの味」を発見するための、重要な場と機会を人びとに与えたといえるのである。

6 トポフィリアとしての「おふくろの味」

場所への愛着

本章では、都市がおふくろの味を発見し、野暮なものから永遠性をまとうものへと変化させてきたことが明らかになった。その論理について、もう少し踏み込んで考察しよう。

地理学者のイーフー・トゥアンは、「物質的環境と人間との情緒的なつながり」を、「トポフィリア」（場所愛）という新造語で説明している。[*35] それは、「場所」に対する愛着と言い換えることもできるだろう。

「場所」という概念について、少し補足しておこう。空間と場所は人間が生きている世界の基本的な構成要素であり、空間とは自由性を、場所とは安心性を表象している。空間は場所よりも抽象的な概念であり、私たちは様々な経験を通じて抽象的な空間を、具体的な場所として認知していく。つまり「空間」は、主体によって経験によって限定され、意味を与えられていくにつれて「場所」へと変化していくのである。それゆえに、私たちは空間には憧れを抱き、場所には愛着を抱くようになる。それが「トポフィリア」である。

トポフィリアを形成するのは、様々な経験である。そこには味覚、嗅覚、皮膚感覚、聴覚、触覚、視覚などが含まれ、私たちはそうした経験を通じて「場所」への愛着を深めていくのだと、イーフー・トゥアンは論じている。その経験とは、例えば、空気や水や土の感触からもたらされる喜びのように触覚的なものであるかもしれないし、故郷や思い出の場所であるという理由から人が場所にある特定の感覚を持つことを意味している場合もある。[*36]

触覚と視覚は主に「空間」を認知し、そこに味覚、嗅覚、皮膚感覚、聴覚が組み合わさって、世界の空間認識を豊かにし、それが「場所」の愛着へとつながる。イーフー・トゥアンの言葉を借りれば、「われわれがある物体や場所を全体的に経験するとき、つまり活動的で思索的な精神の知的働きを通じて経験するだけでなく、すべての感覚をも通じて経験するとき、その物体や場所は具体的な現実性を獲得する[*37]」のである。

これは人間が「知性」を備えたがゆえに得た能力の一つで、私たちはある特定の物体や場所を永続的に認識し、自らの内的な世界地図に埋め込むことができる。それゆえに、特定の物体や場所がその場になかったとしても、それへの愛着を「象徴」として呼び起こすことができるのである。

人間は環境を特定の経験を通じて認知し、自分にとって抽象的な「空間」を具体的な「場所」へと読み替えることができ、さらに「トポフィリア」へと昇華させる。これを「おふくろの味」に当てはめて考えてみよう。

トポフィリアの形成を促す経験に「味覚」が含まれていることは重要である。つまり、「おふくろの味」は、ある特定の一皿に盛られた実際の食べものから味覚を通じて得た経験であると同時に、その経験を通じて形成されたトポフィリア（場所愛）であり、一種の「象徴」でもあるということができる。その象徴はある特定の故郷ということもあれば、その故郷をさらにメタレベルで表象する「おふくろ」という心理的な場所を意味している場合もある。これが「野暮」から「永遠性」へと変化するプロセスである。

親密な経験が生み出す「根拠地」という場所

心理的な場所としての「おふくろ」という表象とはすなわち、「母なるもの」あるいは「母性」への思慕《しぼ》である。例えば母なる大地、母なる海、母なる地球という表現も同様で、心理的に帰る場所、あるいは懐《ふところ》深く受け入れてくれる場所を意味している。

しかしこれは、「母」が優しく全てを受け入れてくれるものであるという前提があって初めて成り立つ論理である。帰る場所は父ではなく、あくまでも「母」であるという点に注目すると、ジェンダーの問題と深く関わっているといえそうである。はたして「母」は、本来的に疑うべくもなく、優しく、全てを受け入れてくれる存在なのだろうか。

近代日本における「母なるもの」について論じた大野雅子《おおのまさこ》は、優しい「母」に対する慕情は超歴史的、普遍的な感情ではなく、近代の構築物であったのではないかと考察している。[*38] それと関連して「おふくろの味」もまさに、近代の構築物であり、その味を懐かしむ心もまた、人間が生まれながらに持っている本質的な感情ではないと論じている。

「母なるもの」ものが過大に評価され、絶対的な思慕の対象になっていく背景には、近代に「家庭」という言葉が誕生し、「良妻賢母」という理想を掲げた近代女子教育の展開があった。こうした歴史的背景の中で、「母なるもの」としての味、すなわち「おふくろの味」がトポフィリアの対象としての心理的な場所となっていったのだと考えられる。

「おふくろ」が心理的な「場所」、ひいてはトポフィリアの対象になり得るのは、幼い子どもにとって、親（世話をしてくれる庇護《ひご》者）が第一の「場所」となることに起因している。大野の議論に照らせば、その庇護者が「母」という「女性」であるということもまた、近代の構築物であることに気づく。

乳児の空間は、乳児が対象物と場所を認識し、それらに手を伸ばしていくにつれて拡大し、分節化されていく。空間が特別な「場所」になっていく過程では、私たちの存在の最も奥深いところに埋もれている様々な「親密な経験」が関係しているとイーフー・トゥアンは説明する。その場所は生きる「根拠地」、安全を求める「避難所」として認知される。具体的にはまず第一に庇護者としての「母」、そして「母なる」家や故郷の存在がそれに当たる。

例えば人間は家を、病気や怪我を回復できる場所であると考えており、そこで一旦立ち止まり、休止する。この立ち止まるという行為が、場所に対する人間の感情の深さをさらに強めるのだという。こうした空間と場所の認識過程では、個々の人間の中でカルトグラフィ(地図作成)が展開される。そして、根拠地、避難所としての「おふくろ」という意味を増幅させ、それが「望郷」や「郷愁」という態度へと結びつくのだと説明することもできるだろう。

都市と田園のトポフィリア

イーフー・トゥアンの議論で興味深い点はもう一つある。それは、人間が持つ場所への「態度」にはいくつかのパターンがあるという指摘である。例えば、家や都市や国家への忠誠は強力な感情を伴うことと対照的に、田園はもっと散漫で感傷的な気分を呼び起こす。都市と田園に対するトポフィリアは個々の人間の認知によって形成されるというだけでなく、都市と田園という「対立物」、つまり反対のイメージが存在するからこそ成り立っている、というのである。イーフー・トゥアンは次のようにも言う。[*39]

社会がひとたび巧妙さと複雑さをもったあるレヴェルに達すると、人々は自然の相対的な単純さに注目し、それを評価し始めるようである。[…]田園に対するこの種の感情は、大都市が建設された時、つまり政治的・官僚的な生活のストレスが田舎の生活を魅力的に見せた時に、初めて現われることができた。この感情は空想的な感覚であり、自然のどんな現実的理解からもかけ離れたものであった。

ということは、都市が誕生して初めて、田園や故郷に対するトポフィリアが生まれるということになる。しかもそれは、現実というよりも空想的な感覚、つまり幻想として立ち現れてくる。これは、本章でみてきたような、太平洋戦争後のとりわけ高度経済成長期に成長し、複雑さを増した都市という空間と、そこに生きる人びとが「おふくろの味」を見出し、価値づけていくプロセスと共通している。

都市と並んで、人びとからの強力な忠誠心によって成り立つ「場所」に家や国家が含まれている点については、第四章以降であらためて論じることにしよう。

＊1　小坂剛『あの人と、「酒都」放浪——日本一ぜいたくな酒場めぐり』中公新書ラクレ、二〇一三年。
＊2　同前。
＊3　近代の労働者と食堂の関係史については、湯澤規子『胃袋の近代——食と人びとの日常史』名古屋大学出版会、二〇一八年に詳しい。
＊4　成田龍一『「故郷」という物語——都市空間の歴史学』吉川弘文館、一九九八年。
＊5　「郷土」研究会編『郷土——表象と実践』嵯峨野書院、二〇〇三年。
＊6　伊藤純郎『郷土教育運動の研究』思文閣出版、一九九八年。
＊7　中央食糧協力会編著『本邦郷土食の研究』東洋書館、一九四四年。この内容については、郷土食と国家の関係という視点から、別稿であらためて論じる必要があろう。
＊8　北畔ホームページを参照（上野御徒町　和食　居酒屋 - 北畔　ほくはん〈hokuhan.com〉、二〇二一年三月一二日アクセス）。

＊9　河村明子『テレビ料理人列伝』生活人新書、二〇〇三年。
＊10　寺山修司『空には本』一九五八年（「空には本」『寺山修司青春歌集』角川文庫、二〇〇五年）。
＊11　寺山修司『空には本』一九五八年（「初期歌篇」『寺山修司青春歌集』角川文庫、二〇〇五年）。
＊12　阿部なを『みそ汁にはこべ浮かべて……』主婦の友社、一九九二年。
＊13　阿部なを『小鉢の心意気』ちくま文庫、二〇〇七年。
＊14　同9。
＊15　酒井佐和子『田舎料理歳時記——山の味里の味』北辰堂、一九五六年。
＊16　室生犀星『抒情小曲集——室生犀星第二詩集』感情詩社、一九一八年。
＊17　以下、加瀬和俊『集団就職の時代——高度成長のにない手たち』青木書店、一九九七年による。
＊18　同前。原資料は労働省婦人少年局『印刷及び製本業に使用される年少労働者の実態調査』一九五九年にもとづいている。
＊19　一九五五年に中学校を卒業し、天婦羅屋の住込店員になった青年のインタビュー。小川利夫・高沢武司編著『集団就職——その追跡研究』明治図書出版、一九六七年。
＊20　澤宮優『集団就職——高度経済成長を支えた金の卵たち』弦書房、二〇一七年。
＊21　「あゝ上野駅」作詞・関口義明、作曲・荒井英一、歌手・井沢八郎、一九六四年（東芝音楽工業）
＊22　前掲20は、この問題意識にもとづき、聞き書きをした成果である。
＊23　鯵坂学「全国市区町村にたいする同郷団体調査（一九九五〜一九九七年）の結果」『評論・社会科学』二〇二一年、八五—一三五頁。
＊24　R．P．ドーア著、青井和夫・塚本哲人訳『都市の日本人』岩波書店、一九六二年。

＊25　宮本常一『宮本常一著作集』三〇、未來社、一九八四年。
＊26　鯵坂学『都市移住者の社会学的研究――「都市同郷団体の研究」増補改題』法律文化社、二〇〇九年。
＊27　柳田國男『柳田國男全集』二六、ちくま文庫、一九九〇年。なお、『明治大正史　世相篇』は一九三一年一月に『明治大正史』第四巻として朝日新聞社より刊行された。
＊28　色川大吉『昭和史世相篇』小学館、一九九〇年。
＊29　ＮＨＫエンタープライズ『「料理人たち――炎の東京オリンピック」プロジェクトＸ――挑戦者たち』ＤＶＤ、ＮＨＫエンタープライズ、二〇一三年（初回放送は二〇〇二年八月二七日）。東京オリンピックと食については、湯澤規子『7袋のポテトチップス――食べるを語る、胃袋の戦後史』晶文社、二〇一九年にも詳しい。
＊30　柳原敏雄『味をたずねて』中公文庫、一九八一年（初版は一九六五年、日本経済新聞社）。
＊31　柳原敏雄『味の風土記』婦人画報社、一九五九年。
＊32　同30。
＊33　同前。
＊34　同17。
＊35　イーフー・トゥアン著、小野有五・阿部一訳『トポフィリア――人間と環境』ちくま学芸文庫、二〇〇八年。
＊36　イーフー・トゥアン著、山本浩訳『空間の経験――身体から都市へ』ちくま学芸文庫、一九九三年。
＊37　同前。
＊38　大野雅子「欠如としての『母』、幻想としての『おふくろの味』――近代日本における『母』の構

築」『帝京大学　学修・研究支援センター論集』(一〇)、二〇一九年、四三―五八頁。
＊39　同35。

第三章

農村が
おふくろの味を
再編する

――「場所性」をつなぎとめる味という資源

1　変化する農山漁村

生活改善運動と食生活

都市が誕生して初めて、田園のトポフィリアが成立すると前章の結論で述べたが、望郷の対象となっている田園、つまり農山漁村《のうさんぎょそん》はこの時期、どのような状況に置かれていたのだろうか。結論からいえば、故郷である農山漁村自体にも大きな変化が生じていた。故郷だけが変化せず、そこから生まれる味にも全く変化がないということはあり得ないからである。

また、田園というイメージを生み出す「場所」、すなわち実体としての農山漁村の内部でも、人びとは時代の変化にさらされながら、自らのトポフィリアを見出し、それを再編し、新たな「場所」の意味を生み出そうとする動きがみられた。ということは、「おふくろの味」を見出したのは、都市だけではなさそうである。そこで以下では、変化する農山漁村の中で「おふくろの味」をめぐって、どのような認識の変化が展開したのかを明らかにしていきたい。

地域による遅速の差はあったとはいえ、高度経済成長期における電気、ガス、水道、テレビや冷蔵庫などの導入によって、都市部だけでなく農村部でも大きな変化が生じていた。むしろ、農山漁村のほうが、「生活改善運動」などを通して、地域の女性たちが中心となって積極的かつ組織的に暮らしの変化を促していたといっても過言ではない。[*1]

そこにはもちろん食生活の改善運動も含まれていた。油脂、動物性たんぱく質を積極的に摂ること、漬物による塩分の過剰摂取に気をつけること、カレーライスやシチューなど、新しいメニューを献立に取り入れるなどの知識が普及していったのである。合理的な食事の提案、栄養学の知識の啓蒙は、食生活の地域差を是正《ぜせい》していく役割を果たした。そして、食生活の地域差を是正するということはすなわち、「おふくろの味」からイメージされる故郷の料理自体が変化することを意味していた。

では、こうした食生活の改善運動は具体的にどのように進んだのだろうか。

一九五五年に日本食生活協会が設立されると、翌年一〇月に同協会は後部のハッチを開けると調理台が現れる栄養指導車八台を用意し、全国を巡回する栄養指導を本格的に開始した。通称「キッチンカー」と呼ばれたこの車は、保健所から保健所へとリレーされ、山奥や離島にまで足を延ばした。[*2]一九五七年には各地の保健所での栄養指導も始まった。

例えば岡山県での具体的な活動を論じている森恵子《もりけいこ》・橋本規子《はしもとのりこ》（二〇一二）によれば、岡山県では一九五七年以降に日本食生活協会から貸与された大型栄養指導車「うぐいす号」が県内を巡回した。県衛生部の栄養士二名と保健所の栄養士が乗り込み、調理実演、栄養に関する講話などを実施した。[*3]

栄養指導は大好評で、キッチンカーが到着すると、田や畑や台所から、役場からは男性も女性も走って集まってきた。そして食い入るように見たり聞いたりする人だかりができたという。実演された料理はマフィン、マカロニのトマトソース煮、カレー、サラダ、鯨肉《げいにく》の中華風、ユニセフミルク入りドーナツ、シチューうどん、豆腐の味噌煮、かき揚げ、けんちん蒸し、揚げボールなどであった。キッチンカーに搭載された調理器具は新しい台所のあり方を体現していた。こうした普及活動の影響もあり、農山漁村では食生活だけでなく、かまどを改良し、流し台を設置するなど、台所改善運動も盛んに進められた。

農山漁村では自家醸造が多かった味噌も、この時期に変化する。新潟県のある村では、かつて味噌は長く寝かせて色が濃いものがよいとされ、味や栄養への関心は希薄であり、自給的で、自家醸造にあたって男性の労力が不可欠であった。ところが昭和初期になって茹《ゆ》でた大豆を挽《ひ》く道具が導入されると味噌づくりは女性の仕事になっていった。そして、第二次世界大戦後の生活改善普及事業において、栄養学にもとづいた味噌醸造の指導が実施されるようになる。製造方法、塩や麹の分量が変化し、カルシウムやビタミンを添加するようになるなど、自家醸造の味噌自体にも変化が生じた。農業改良普及所などによるこうした指導は、農家女性に対して「栄養」や「健康」に配慮し、家族に細かな気配りをする「主婦」の役割を規範として提示していくことでもあった。[*4]

お正月とはいつなのか、おせち料理とは何なのか

お正月のおせち料理もまた、「おふくろの味」に係る重要なテーマである。以下ではおふくろの味だけではなく、手づくりの是非とも関連づけられやすい「おせち料理」について考えてみよう。ところでそもそも、お正月とはいつなのか？　そう訊かれて、ほとんどの人は「一月一日の元日」と答えるだろう。しかし、一月一日をお正月とするのは、実は比較的新しいことなのである。

日本ではもともと太陰暦《たいいんれき》（旧暦）という暦が使われていた。その暦ではお正月は一か月遅れの二月一日となる。現在ではこれを「旧正月」という。一方、一月一日をお正月とすることを「新正月」という。これは、太陰暦の明治五年十二月三日を太陽暦（新暦）の明治六年

一月一日とするという「明治改暦」によって生じた変化であった。

ところが改暦がすぐに浸透したかといえば、そうではなく、一九四六（昭和二一）年時点での全国調査では、旧正月と新正月の実施比率はほぼ半々であった。[*5] それがようやく全国的に新正月に一本化されるには、高度経済成長期を待たなければならなかった。ということは、お正月が全国的に一月一日に統一されてから、まだ六〇年ほどしかたっていないということになる。

なぜ旧暦が根強く維持されていたのだろうか。それは、第一次産業が中心の農山漁村では、「農家の穫入《とりい》れ、冬仕事の都合」や「製炭者の一月は大事な稼ぎ時」であるなど、旧暦のほうが生業活動のリズムに合っていたからである。しかし、高度経済成長期になると、前章で述べたように、農山漁村から多くの若者が都市へ流入し、第二次、第三次産業に従事するようになり、都市部で先に浸透していた新暦による帰省に合わせるようになっていく。さらに、ラジオやテレビなどメディアの普及によっても、次第に新正月への同調の動きが強まっていった。

農業技術の革新も新正月への移行を後押しした。例えば稲作が盛んな新潟県では、一九五〇年頃から新たな育苗《いくびょう》技術が導入され、水利の整備、乾田《かんでん》化、農業機械の導入、早生《わせ》品種への移行などによって、収穫期が早まった。また、収穫後の脱穀・乾燥・調整作業も機械化され、一月に正月を迎えても農作業の日程としても支障をきたさなくなっていた。一月に多忙を極めていた製炭業従事者たちも、高度経済成長期の電気やガスの普及によって急激に減少していった。

旧正月から新正月への移行を後押しした論理にはもう一つ、行事の簡素化を図り、女性を正月の応接による過重負担から解放する、というものがあった。しかしそれは同時に、「家庭」での団らん重視の主張にもつながっていくことになる。そして正月行事は次第に「家庭」の私的行事と位置づけられるようになり、都市部から帰省する家族が集まる一家団らんの場として意識化されていった。その象徴が正月の行事食であった。新潟県のある旧家の事例をつぶさに調査した矢野敬一《やのけいいち》は次のように記している。[*6]

［…］大晦日はトシヤと呼ばれ、その晩の膳には正月料理の一部を並べるようにしていた。かつての料理内容はおおむね煮染め、なれ鮨の一種であるつかみ鮨、納豆、味噌仕立てのお汁といったものである。トシトリイオとして塩引き鮭も欠かせない。そして年が明けて元旦になると、今度は醤油仕立ての雑煮、紅白のなます、カズノコがさらに加

わる。煮染めの具とする食材ひとつ取っても「喜ぶ」ということから昆布、たくさん子芋がついて孫子代々繁盛するようにと里芋、根強く地元に土着するようにとゴボウを入れるといった具合で、行事食としての縁起の良さを重んじる傾向が強い。[…]

それが先代の当主が亡くなった昭和四十年代以降、次第に様相を異にしていく。まず煮染めや雑煮に鳥肉を入れるといったように、肉類が入ってくる。同時にハム、ソーセージ、ベーコンといった食肉加工品も、正月料理の一環として加わる。子ども夫婦や孫の口にも合うようにとマッシュポテトのサラダやフライ、トンカツといったそれまでにない洋風のレパートリーが、この家だけに限らず広く一般化する。

地域ごとの特徴ある正月料理が廃れ、いつの間にかテレビや雑誌が紹介する正月料理が普及し、また料理内容が変化するだけでなく、市販品を購入することも一般的になっていった。いずれにしても、正月料理は高度経済成長期を経て、「家庭」中心の私的な行事として再編成されていくことになった。

このように、農山漁村内部での変化と、高度経済成長期によって生じた人口移動や産業構造の変化によって、都市の影響も多大に受けながら日常の生活世界が徐々に平準化され、全国一律的な正月行事へと再編されていったのである。

ちなみに初詣という行為も、日露戦争後の社会の変動と近代都市の成立によって農村の年中行事から切り離され、都市に流入した人びとの生活文化として定着した「近代の産物」であるといわれている。[*7] そう考えると、現在私たちが当たり前だと思っているお正月やおせち料理というのは、それほど長い歴史を背負っているとはいえないことになる。

2 「おふくろの味」の再編——没場所性とのせめぎ合い

「味」が文化財になる時代

高度経済成長期は、洋食、ラーメン、パン、インスタント食といった新たな食経験が次々と生まれ、故郷である農山漁村そのものの暮らしもまた、急激に変化していく時代であった。こうした状況をふまえると、離郷した人びとが望郷の念から、変わることのない「おふくろの味」を懐かしむ、という単純な構造ではないことがわかる。離郷した人びとは様々な食経験の積み重ねがあるがゆえに「おふくろの味」に特別な価値を与えるようになると同時に、故郷である農山漁村自体も急速な変化の中で、献立も調味料も台所も変化し続けてきたからである。

ところが、経済成長がひと段落した一九八〇年代には、あらためて「ふるさとの味」が再発見され、次世代へ受け継ぐための調理リテラシーが「地域の知（ローカル・ナレッジ）」として発掘、再編、発信されるようになる。この背景には農林業問題としての第一次産業の従事者数の減少や高齢化、地域文化の後継者難などがあった。

第一章で検討した「おふくろの味」を冠した書籍に再び目を向けてみよう（**図版1-2、付録**）。タイトルに「おふくろの味」という言葉を含んだ料理本の著者は、一九七〇年代後半からは料理研究家だけでなく、生活改善グループや生活改良普及員、婦人会や保健所、農林業振興会、観光協会が加わり、それらが主体となって「地名」を冠した「おふくろの味」本が刊行されている。一九八〇年代後半以降には老人クラブによる出版が相次いだことも確認しておきたい。要するにこの時期、故郷に暮らす人びと自身から発信される「おふくろの味を伝えよう」という意思を含んだ記録が一つの社会運動として展開し始めていた。これは一九九〇年代まで持続する。

こうした動きに先鞭《せんべん》をつけたのは長野県であった。この時期に長野県では他県に類を見ない「味の文化財」指定を開始している。一九八一年、同県に対し「味の文化財」を提唱したのは、地理学者の市川健夫《いちかわたけお》であった。[*8] 市川はその経緯を次のように記録している。[*9]

昭和五六年（一九八一）正月、吉村午良長野県知事が文化人との懇談会を開いた。その席上私は信州における「食の文化財」について、その維持と保護を提案した。翌五七年全国的にみても特色のある手打ち蕎麦《そば》、焼餅、御幣餅《ごへいもち》、野沢菜漬、スンキ漬の五品目を選び、民俗文化財に指定することを長野県文化財保護審議会に提案した。ところが、食文化は国の文化財保護法の対象になっていないという理由などで反対が強く、審議未了になってしまった。しかし昭和五八年七月になり、ようやく県選択無形民俗文化財として、前記の五品目が決定されるに至った。選択無形民俗文化財指定は、文化財指定としては最も低いランクに属する措置であるが、県民の反応は大きく、これら五つの風土食は「県重要文化財」に指定されたと認識している人が多い。

「県民の反応」の具体的な表れとして、一九八四年二月には第一回「信州・味の文化展」が開催され、その後も継続された。一九九〇年代以降には、上伊那《かみいな》郡の生活改善グループや農業改良普及所、JA上伊那などが、長野県では県の生活改善グループ連絡協議会と農業改良協会が関連冊子を相次いで刊行している。[*10] つまり、活動の中心となった一九八〇年代以降の生活改善グループは、初期の新生活運動とは異なる新たな展開として、地域固有の「味」という地域資源の発掘と利用に取り組んだことになるのである。

県下一円の選択無形民俗文化財として正式指定された①手打ち蕎麦《そば》、②焼餅（おやき）、③御幣餅《ごへいもち》、④スンキ漬、⑤野沢菜漬[*11]の中で、県の野沢菜漬の生産額は一九八〇年には七〇億円であったところ、一九九六年には一八〇億円に急増した。また、焼餅（お焼き）は七〇億円産業となり、有力な地場産業に成長した。[*12]

二〇〇〇年代に入ると、県下一円の五品目だけでなく、地域ごとの指定が進み、よりミクロな地域固有性（バナキュラリティ）の再発見、商品化が進んだ（**図版3‐1**）。

食の「没場所性」化への抵抗

地理学者の市川が「食」の文化財指定を提案した背景には、高度経済成長期における地域の変化があった。とりわけ農山漁村の「食」の変化は大きく、それは次のように説明されて

指定年	名前	地域
1983	手打ち蕎麦	全県
	焼餅（おやき）	全県
	御幣餅	全県
	スンキ漬	全県
	野沢菜漬	全県
2000	伊豆木の鯖鮨	飯田市伊豆木
	富倉の笹寿司	飯山市域
	万年鮨	木曽郡王滝村一円
	南信州の柚餅子	飯田市南信濃、下伊那郡天龍村・泰阜村
2001	朴葉巻・朴葉餅	木曽郡6町村、松本市奈川、塩尻市楢川、飯田市上村、伊那市西箕輪、下伊那郡平谷村・阿智村・売木村
	早蕎麦	下水内郡栄村、下高井郡山ノ内町須賀川
2002	遠山郷の二度芋の味噌田楽	飯田市上村・南信濃
2007	いもなます	長野県岳北地方
	えご	東・北日本地域から信越地域の山間部
	富倉そば	飯山市富倉地区
	富倉の笹ずし	飯山市富倉地区を中心とした西側山間集落

図版3-1　長野県下の選択無形民俗文化財（味）

※資料：長野県の芸術・文化情報センター　八十二文化財団「信州の文化財」より作成

いる。[*13]

わが国においては一九六〇年代から七〇年代にかけての経済の高度成長期にかけて、食品工業が発展し、食物の画一化が進行した。信州においても例外ではなく、伝統的な郷土食が失われ、それに伴って、その素材となっていた伝統作物も次第に姿を消していった。私はこのままでは信州文化のひとつである食文化が滅亡するおそれがあり、何とか歯止めをかけなければならないと考えた。（傍線は引用者）

市川がこのように提案する数年前に、地理学者のエドワード・レルフはその著書『場所の現象学』の中で、類似の議論を展開している。[*14] 場所とその意味が画一化していく現象は日本に限らず、工業化と資本主義経済が進む世界各地で生じていたことであったとわかる。

エドワード・レルフは「人間であるということは、意味のある場所で満たされた世界で生活することである」と述べている。この点は、前章で紹介したイーフー・トゥアンの「場所」に対する議論と共通している。エドワード・レルフが掲げた重要な論点は、その「場所」が意味を失いつつあることに言及した点であろう。つまり、私たちの日常経験からなる生きられた世界についての地理学的現象である「場所」が、次第にその多様性やアイデンティティを弱体化させ、「没場所性《プレイスレスネス》」が優勢になりつつある社会の変化を捉えようとしたのである。

この議論をふまえると、市川の主張はこの「没場所性」とも通底し、「地域」という場所に根差した「味」が失われていく現象に警鐘を鳴らしたものだと位置づけることができる。そこであらためて発見されたのが、ふるさとの味であり、おふくろの味であったのである。

柚餅子をめぐる変化

味の「没場所性」化とそれに対する地域の具体的な取り組みとして、以下に、二〇〇〇年に選択無形民俗文化財に指定された南信州の柚餅子《ゆべし》の事例を紹介しておこう。[*15]対象となる天《てん》龍《りゅう》村では、下伊那南部に位置し、天竜川沿いの温暖な地域で柚子栽培が行われてきた。囲炉裏の上に吊るして乾燥させた、各家庭の保存食、冬季の栄養源として重宝されてきたが、生活の中から囲炉裏が姿を消すと、柚餅子の加工も衰退した。また、天龍村坂部地区は森林資源に恵まれた地域で、柚餅子は山林労働者の携帯食でもあったが、[*16]国産木材の需要低下による過疎化の進行が柚餅子需要の減少にも拍車をかけた。

日常生活世界が変化することに伴って、そこに根差していた「味」が喪失されようとしていた時、坂部地区の若い主婦たちがグループを作り、柚餅子の勉強会を開始した。伝統行事「冬祭り」の見物者にふるまうと評判になり、東京から大量の注文が入るようになった。これを契機として、一九七五年に「天龍村柚餅子生産者組合」が発足し、商品化への試行錯誤の末、ゆず飴とゆず加工品[*17]の産業化に成功した。こうした試みは生活改善グループあゆみ会が中心になって進められた。

代表の関京子さんのライフヒストリーにはこの地域における地域資源としての「食」の発掘過程が認められる。関さんは隣の阿南町《あなんちょう》新野《にいの》に一九三五年に生まれた。一九七二年に村の展示会で初めて出会った柚餅子の上品な香りに感動し、「過疎化が進んでいく地域をなんとか元気にし、伝統食文化を後世に伝えていこうと、当時、あまり作られなくなってきていた柚餅子を、一念発起して、地区のお母さんやおばあさんたちと協力して作っていくことにした」のだという。[*18]四〇年以上にわたる活動の末、二〇一八年三月には組合員の高齢化などにより組合は解散した。しかし、二〇二一年現在は天龍村の地域おこし協力隊の経験者らが継承に取り組み、「味」を受け継ぎ、販売に挑戦している。[*19]

「天龍村柚餅子生産者組合」の活動を見ると、長野県天龍村の戦後史[*20]における「柚餅子」という味が再発見された意味は非常に大きかったことがわかる。「味」や「レシピ」の継承は、単に食品生産というだけでなく、「生活世界」を再構築し、「没場所性」の波に抗《あらが》う実践でもあったのである。

その結果、「おふくろの味」という固有性の維持が地場産業への発展へとつながり、地域経済にも寄与し、その「場所」に住み続けるための基盤ともなった。つまり、先述したエドワード・レルフの考え方を援用すれば、「日常経験からなる生きられた世界」である「場所」を記録し、共有するためのリテラシーとして味を復元するものが「おふくろの味」をめぐる調理であり、レシピであったといえるのである。

地域を価値づける「知」の再編

もう一つ、具体的な事例を示しておきたい。それは長野県商工会連合会婦人部によって編纂された『信州の郷土食――〃ふるさとの味〃と食文化』[*21]の出版過程にみる農山漁村の変化である。同書の編纂主旨は「ふるさとの味の見直しと創造とにより、地域を熟知し、個性と魅力ある地域づくりと地域商工業の振興発展を目指す」ことであった。当時の長野県知事吉《よし》村午良《むらごろう》は次のように言っている。

> 私どもを取り巻く社会生活環境は、近年とみに複雑多岐となり、その中にあって食生活も、インスタント食品、外食産業の発展等による食文化の変化、さらにまた、郷土食の衰退が顕著となっております。［…］
>
> 本県は、内陸県という地理的条件のもとに、地域性豊かな生活の知恵から生まれ、地域に根ざして伝承された独特な食文化を形成してまいりました。
>
> 県におきましては、昭和五六年一月に、文化関係者と懇談会を開催し、この席上、こうした「食の文化財」の保護について提案がなされました。［…］
>
> こうして調査を行った結果、今だ《ママ》に知られていない郷土食や、伝統作物等の掘りおこし、再評価等多くの成果が得られたわけであります。

こうした意図を受けて担い手となったのは、商工会婦人部員や市町村の商工担当者・観光担当者であった。商工会婦人部員の言葉も引用しておこう。

> 〃地域の時代〃といわれ、地域の主体的地域づくりが求められるなかにあって、地域の

個性を活かした地域づくりを進めたい、特に郷土料理・特産物などの食文化を見直すことにより、地域の活性化を進めたいと考えたからです。

「地域の主体的地域づくり」という言葉でレシピを収集、共有する意図を意味づけている点が重要である。この本は長野県全体を東信地方、南信地方、中信地方、北信地方に分け、その内部ではよりミクロな地域スケールでレシピが収集された。無形文化財指定よりもミクロな「地域の知（ローカル・ナレッジ）」としての「味」情報の収集、整理、公開を通して、県民それぞれがレシピを共有しただけでなく、自分の地域、場所、味を相対化することが可能になった。こうした出版過程そのものが、足元のさらなる掘りおこしのきっかけになったのではないかと考えられる。

日常食から「おふくろの味」へ

こうした味をめぐる「地域の知（ローカル・ナレッジ）」の掘りおこしと再編が進められた背景には、「都市と農村をつなぐ」という意図があったことも見逃せない。政策のレベルでいえば、「地方活性化」や「過疎山村の振興」などが意識され、各家庭のレベルでは、他地域へ出て働く家族が帰郷する際の歓迎の食卓を調える役割を果たした。

地域が主体となった「おふくろの味」の再編が地場産業へと発展した具体的な事例として、以下では長野県の「おやき」をめぐる変化を紹介しよう。

先述したように、焼餅（お焼き）は「味の文化財」の一つに選定された。現在では一般的には「おやき」として認知されているこの長野県の郷土食は、ほぼ全県的にあり、県内各地の特色が豊かであった。以下では各地の様々な「焼餅」が全国に知られる「おやき」となった過程を、北信地域の上《かみ》水《みの》内《ち》郡《ぐん》小川村を事例にして詳述する。

高度経済成長期まで、焼餅（おやき）は畑作が盛んな粉食地域における主食であった。[*22]上水内郡小川村は標高五〇〇～一〇〇〇メートルに近い山村で急斜面が多く、川沿いの水田以外は畑でダイズ、アズキ、大小麦、養蚕、麻、タバコなどが主作物で、粉物食が常食となっていた。おやきは山野での保存食、野良仕事の「小昼《こひる》」として食べられた。西山《にしやま》地方（長野県西方の中山間地）のおやきは、火力の弱い落葉を燃料とし、ホウロクで表面を乾かし、たき火の灰で蒸し焼きにするのが特徴である。[*23]

「食事のしたくがすべて主婦の肩にかかるのではなく、家族全員の協力で作っていたらしいことも知れる」とあるように、[*24]農作業の後、囲炉裏を囲みながら家族総出で準備して食する日常経験を記憶にとどめている人も少なくない。つまり、日常（ケ）の食べものであった。お盆などの行事（ハレ）の時には、特別な粉や餡《あん》を用意し、普段は囲炉裏の灰で焼くところをセイロで蒸すなどの違いも見られた。このように「焼餅」（おやき）は、ハレとケのコントラストの中で親しまれてきた食であった。

それが社会変化の中で作られなくなり、食べられなくなった後、当地域ではおやき専門店ができ、山村の保養センター等でも名物として売り出されるようになった。[*25]過疎山村の振興の一環として「おやき」製造が注目されるようになり、[*26]地域の人が日常食として食べるのではなく、全国各地に流通する「おやき」として再編され、地場産業として重要な役割を果たすようになったのである。

おやき製造販売会社「小川の庄」はその有名な企業の一つである。[*27] 一九九五年頃、地域の青年たちの同志的集まりとして「こだま会」が発足し、同会が主体となって「おやき」が再発見された。一九八六年に信州西山農協が「ふるさと田舎事業」の指定を受け、初期は漬物製造に取り組み、その後、小川村の第三セクターによる村事業により「小川の庄」が誕生し、同地域の主要産業へと成長した。現在では冷凍技術と配送技術を駆使して、全国各地に市場を広げている。

もともとは家族総出で、囲炉裏端で作られていた「焼餅」は、今では家庭の主婦、あるいは村の企業によって作られる「おやき」になった。そしてそれは、故郷を出た人にとって日常の食というよりも、懐かしい「ふるさとの味」「おふくろの味」という価値をまとった食べものへと変化した。生産する農村の人びとも、その価値を自覚しつつ「おふくろの味」と銘打って商品としての流通に力を入れるようになった。

離郷者へ届ける「日常」という価値

こうした試みの中では、都会の人にこの「味」を知ってもらいたい、という明確な意図も記録されている。長野県で「味の文化財」に関わる活動が展開する中で、一九九〇年には長野県生活改善グループ連絡協議会、農業改良協会による冊子が刊行され、郡レベルでも「ふるさとの味」をめぐる様々な活動が展開した。上伊那生活改善グループ連絡協議会、農業改良普及所は一九九三年に『ふるさとの味　梅の味』という冊子を作成した。これは一般の図書ではなく、地域内で配布する手づくりの冊子である（**図版3－2**）。

上伊那の竜峡小梅を主体とする小梅の生産は下伊那に次ぐ大産地ですが、年々販売情勢が厳しく価格の低迷から、農家からは不安の声が多く聞かれるようになりました。梅の木が多くなったこと、食スタイルの変化や塩分のとりすぎ等から、従来の梅漬け、梅干しの消費が少なくなってきたこと等が考えられます。

しかし、せっかくの地場産の豊富な原料を嘆くのではなく、有効に活用してふるさとの味を見直すとともに、贈答などに利用して都会の人たちに広くこの味を知ってもらえたら…という願いから、生活改善グループリーダー研修会でとりあげ、各々で実践して

図版3-2『ふるさとの味 梅の味』

いる加工品を持ち寄り研究して参りました。一〇〇余点の中からの抜粋ですが、皆様の研究の成果ですので参考にして下さい。[*28]（傍線は引用者）

都市と農村をつなぐ「味」という意味づけがなされている点が興味深い。

4 「没場所性」への抵抗としての「おふくろの味」

おふくろの味・ふるさとの味の再編

地理学者の市川健夫が長野県で「味の文化財」を提唱した一九八一年に前後して、各地で「ふるさとの味」を再編しようという活動が展開していた。例えば、神奈川県食生活改善グループ連絡協議会が一九七四年に『おふくろの味ふるさとの味』を刊行し、埼玉県経済農業協同組合連合会が一九七七年に『大豆をつかったおふくろの味・わが家の味』、栃木県農業者懇談会が翌年に『ふるさとの味おふくろの味』、大阪府生活改善グループ連絡協議会が一九八四年に『大阪の野菜とかあちゃんの味』、岐阜市老人クラブ連合会が一九八五年に『和――おふくろの味』を刊行している。

こうした「地域」を主体とした取り組みを概観してみてまず気がつくのは、「おふくろの味」と「ふるさとの味」が並列されて、ほぼ同じ意味として扱われているということである。栃木県農業者懇談会が刊行した『ふるさとの味おふくろの味』の巻頭言には、当時の知事によって次のような言葉が寄せられた。[*29]

近年、郷土料理への関心は大きな高まりをみせてきております。それというのも地方のすばらしい風物をはじめ、伝統文化や習慣がややもすると忘れられて、〃ふるさと〃というよりどころを失いつつあるためではないかと考えられます。郷土の伝統的文化は、県民一人一人が自覚してそれぞれの立場からしっかりと守りたいものです。郷土料理もその一つで、祖先が残してくれた生活上の大切な遺産です。

「おふくろの味」は個々の家や、特定の女性に帰属するものではなく、県民が自覚すべき「郷土の伝統的文化」として読み替えられているところに注目したい。これは栃木県に限ったことではなく、先に見た長野県を含め、同様の傾向が確認できる。

全国的な動向で注目されるのは、農山漁村文化協会が『日本の食生活全集』の刊行を始めたことである。それは一九八四年から開始された。以後、各地の生活改良普及員などの協力を得て一〇年にわたる取材と刊行が続く。

こうした動きは、変化の中で失われつつある、かつては「当たり前」だった味に価値を見出し、「ふるさとの味」として再編する社会的な波動であったといえる。その主体には複数あり、第一に前述したような、地域に展開する生活改善グループ、JA婦人会などの活動と出版物があった。そして第二に一般メディアとしてのテレビ、ラジオ、出版物（雑誌、書籍）などがある。高度経済成長期に普及したテレビから放送される漬物とおせち料理に関する新たな調理リテラシーには「ふるさとの味」や「おふくろの味」というカテゴリーが設けられるようになり、そのレシピが流布するようになった。これについては、第五章で詳しく述べることにしよう。

結論を先取りしていえば、地域が主体となって再編する「おふくろの味」に比べて、一般メディアが再編する「おふくろの味」は、地域の人びとに生きられた世界である「場所」そのものではない。むしろ、家庭や故郷といった漠然としたイメージとシンボル性をまとい、「没場所性」を推し進める側面もあった。つまり、複数のチャネルが併存する中で、「おふくろの味」の調理リテラシーには様々な意図が付与されて再編され、様々な情報やイメージが錯綜《さくそう》しながら認識されるようになっていったのである。

日本一の朝ごはん

先に述べた天龍村の柚餅子のように、外から訪れた観光客によってその価値があらためて発見されるということが、一九七〇～八〇年代にかけて各地で起こっていた。フード・ジャーナリストの森枝卓士《もりえだたかし》が『日本一の朝ごはん』でその詳細を伝えた、能登《のと》の料理民宿「さんなみ」もその一つであった。森枝は次のように言う。[*30]

仕事で世界中を食べて歩き、また、世界中から日本に運んでこられた美味、珍味をさんざん食べてきたけれども、その末に、足下にあった日常にして「当たり前」の味に目を開かされた思いだった。

ここで言う「当たり前」の味は、能登という地域が育《はぐく》んできた土地の味である。具体的には、イシリと呼ばれる魚醬《ぎょしょう》や干物や漬物などの発酵食品、海の幸、山の幸をふんだんに使った料理の数々のことを指している。

さんなみは一九四七年に創業し、二代目が経営を引き継いだのが一九七七年頃である。先に見たように各地でおふくろの味が再発見され始めていた時期に重なる。しかし、この時点ではまだ、郷土料理を提供するという発想はなく、「もてなし」をするには刺身に天ぷらなど、どこでも食べられるような料理を提供しなければと二代目夫婦は考えていた。

しかし、次第に「このままでよいのか」と思うようになり、能登でなければ食べられない料理を出し始めた。最初は、日常使いの調味料イシリを出すのには抵抗があった。しかし、そうした地元の調味料の歴史も含めて提供してみたところ評判を呼び、「日本一の朝ごはん」を出す民宿として、人気を博するようになったのである。そこで初めて、その地域にとっては「当たり前」の味が、他所から訪れる人びとにとっては価値のあるものになる、という自覚が生まれた。

今では各地で、「その土地でしか食べられない郷土料理」が観光客たちの一つのお目当てになっているが、このさんなみの事例に見るように、一九七〇年代以前には、郷土料理に価値が見出されてはいなかった。「観光」とは「光」を「観る」と書くが、観光が盛んになる高度経済成長期の真っただ中においては、郷土料理は「光」には該当しなかったわけである。郷里を出て、新しい暮らしへと転換することを目指した人びとが、自ら残してきた郷里に価値を見出さなかったのは、もっともなことだともいえる。郷土料理を「光」だと認識する価値転換には、都市人口が増え、郷里を離れた世代の次の世代が地域の「当たり前」で「平凡」な味に新鮮な驚きと興味を持つ状況を待たなければならなかったからである。

これは日本に限った状況ではなく、リゾート文化の歴史が長いヨーロッパなどではもともと、旅先で地元の食を食べることは稀であったという。地元の食、郷土料理が発見されるようになったのは、フランスなどではようやく二〇世紀に入ってからのことであった。

また、森枝が論じているように、さんなみの朝ごはんが広く人気を博するようになった背景には、一九八〇年代に日本でも話題になり始めたイタリアのスローフード運動の影響も少なからずあったのだろう。

母から娘へという経路の形成

ところで、歴史をひもとくと、味噌や焼餅や漬物などはいずれも母親や女性が担い継承してきたものではなく、もとは家族総出で、あるいは地域全体がその調理の過程に関わってきたことがわかる。

それではなぜ、いつの間に「味」の担い手は女性であるとみなされるようになったのだろうか。「ふるさとの味」が「おふくろの味」と言い換えられる場合も多いが、その言葉には、「味」の担い手としての女性が明確に意識されている。以下、二つの要因を提示してみたい。

第一の要因は、本章でみてきたように、一九八〇年代以降に「ふるさとの味」が地域資源として発掘され、そのレシピが共有されていく過程に、各地の女性グループが積極的に関わってきたことが挙げられる。

長野県の産業構造全体を視野に入れると、第一次産業に多くの人が従事していた時代から、精密機械工業などの第二次産業への従事者数が増加する時代へ移行した。また、次世代が離郷して他県に生活の拠点を移すとともに、農村でも囲炉裏がなくなるなど、生活世界に変化が生じた。次章で詳しく述べるように、農村と都市のいずれでも、世帯構造や生活構造の変化が生じていた。その変化は、農村と都市の区別なく、女性が食事の用意を担うという形態をいつの間にか強化していくことになったのだと考えられる。

第二の要因は、「ふるさとの味」や「おふくろの味」を伝えようとする様々なメディアが、いつの間にかその伝達先や継承の担い手として、女性を前提にしてきたことが挙げられる。例えば、二〇〇二年にはＪＡ上伊那によって『母から娘に伝えたい　上伊那の郷土料理』が刊行された。冒頭には次のような文章が掲げられている。[*31]

山や川、そして歴史の経過に分断されたそれぞれの地域には、固有の文化が継承されてきました。この度発刊の運びとなりました本稿には、上伊那各地に伝わる食文化「郷土食」のレシピを載せています。郷土食はそれぞれの時代環境と知恵が生み出した貴重な生活文化と言えます。気になる料理がありましたら、ぜひご家族で味わってみて下さい。さらに、お嫁さんや娘さんに伝えていただければ幸いに思います。

また、食の安全性が叫ばれ追求される時代にあって、地元の出所確かな食材を使う郷土食は、過去を懐かしむための存在というだけでなく、毎日の食事の中に「安心・安全」をもたらす古人の贈り物かも知れません。（傍線は引用者）

先に紹介した栃木県の『ふるさとの味おふくろの味』でも、「心の豊かさを養い、生活の歴史と伝統の中から、祖母から母へ、母から子へと伝える〝ふるさとの味〟栃木県に伝わる料理やつけものなどの歴史を知り」とある。[*32]

「固有の文化」と謳いながらも、主婦と団らんと「家庭の味」、母から娘へという継承経路の形成、安心・安全など、社会情勢を反映したやや紋切型の語句が並ぶようになった。

いつの間に、どのような経緯で「女性」が味の継承の担い手として限定的に語られるようになったのだろうか。この問いには、「ふるさとの味」や「おふくろの味」をめぐる各地の取り組みにおいてさえ、「場所」の意味が薄れつつある状況が垣間見え、都市と農村という地域的特徴の対比だけでは論じきれない謎が残されていることがわかる。

この謎は、「ふるさとの味」や「おふくろの味」への再評価が始まる高度経済成長期において、「女性」が社会の中でどのように位置づけられ、何が期待されていたのか、という問題とも関わってくる。そこで次章では、「家族」や「家庭」という組織や場の中で、「おふくろの味」がどのように意味づけられ、誰がその担い手として期待され、展開していったのかを検討していくことにしよう。

＊1　田中宣一編著『暮らしの革命――戦後農村の生活改善事業と新生活運動』農山漁村文化協会、二〇一一年。
＊2　岸康彦『食と農の戦後史』日本経済新聞社、一九九六年。
＊3　森恵子・橋本規子「岡山県における栄養指導車（キッチンカー）の足跡」『中国学園紀要』（一一）、二〇一二年、一〇七―一一六頁。
＊4　矢野敬一「『主婦』役割の編成と味噌自家醸造法の改善指導」『「家庭の味」の戦後民俗誌――主婦と団欒の時代』青弓社、二〇〇七年。
＊5　同前。
＊6　同前。
＊7　高木博志「初詣の成立――国民国家形成と神道儀礼の創出」西川長夫・松宮秀治編『幕末・明治期の国民国家形成と文化変容』新曜社、一九九五年。

＊8　週刊長野二〇一〇年一〇月二三日号掲載。昨今、地理学では飲食文化に関する議論が高まっている。例えば、金田章裕『和食の地理学――あの美味を生むのはどんな土地なのか』平凡社新書、二〇二〇年。荒木一視・林紀代美編『食と農のフィールドワーク入門』昭和堂、二〇一九年など。

＊9　市川健夫『日本の食風土記』白水社、一九九八年。

＊10　農山漁村文化協会から『日本の食生活全集』が刊行され始めたのは一九八四年であることをふまえると、長野県の実践は先駆的なものであったといえる。

＊11　長野県教育委員会編『長野県選択無形民俗文化財調査報告――味の文化財』長野県教育委員会、一九八四年。

＊12　同9。

＊13　市川健夫著、市川健夫先生著作集刊行会編『日本農業と食文化　日本列島の風土と文化4　市川健夫著作選集』第一企画、二〇一〇年。

＊14　エドワード・レルフ著、高野岳彦・阿部隆・石山美也子訳『場所の現象学――没場所性を越えて』ちくま学芸文庫、一九九九年（原著は一九七六年に刊行された）。

＊15　南信州の「柚餅子」に関しては、八十二文化財団「ふるさとの文化財を守り伝える心」で詳細を知ることができる。「Vol.25 柚餅子に夢を託して」－信州の文化財－公益財団法人 八十二文化財団(82bunka.or.jp)。米屋武文「三遠南信地域における柚餅子（ゆべし）の生産と利用」『日本文化研究』(一三)、二〇〇一年、三七－四三頁。

＊16　長野県商工会連合会婦人部編、市川健夫・倉島日露子監修『信州の郷土食――〃ふるさとの味〃と食文化』銀河書房、一九八五年。

＊17　長野県生活改善グループ連絡協議会・長野県農業改良協会編『信州の味　ふるさと料理３００種』長野県農業改良協会、一九九〇年。
＊18　ＪＡ長野県ホームページ「伝統的ゆべし作りはクライマックスを迎えて」―地域情報―長野県のおいしい食べ方（oishii.iijan.or.jp）（二〇二一年八月二六日アクセス）。
＊19　長野県「天龍の『柚餅子』伝統つながる　解散した組合の技術継承―北陸新幹線で行こう！」北陸・信越観光ナビ（hokurikushinkansen-navi.jp）（二〇二一年八月二六日アクセス）。
＊20　相川陽一・丸山真央・福島万紀「現代山村における自給的農林業の役割と実態――長野県天龍村の事例から」『農村生活研究』六四（一）、二〇二一年、三九―五三頁。
＊21　同16。
＊22　三田コト「戦前・戦後における郷土食おやきの変容と食生活」『長野県短期大学紀要』（四三）、一九八八年、二五―三三頁。
＊23　同16。
＊24　金子万平文『おやき・焼餅の話』銀河書房、一九八四年。
＊25　同16。
＊26　章政「過疎山村の振興における郷土食品加工の展開と役割――長野県上水内郡小川村『おやき』加工の事例を中心に」『農村研究』（七六）、一九九三年、六九―七八頁。
＊27　水谷彩、中島正裕、千賀裕太郎「農山村における郷土料理の伝承・変遷過程および地域住民の意識の変容に関する考察――長野県小川村の郷土料理『おやき』を事例として」『農村計画学会誌』（二四）、二〇〇五年、二五九―二六四頁。

＊28　上伊那生活改善グループ連絡協議会、農業改良普及所編『ふるさとの味　梅の味』上伊那生活改善グループ連絡協議会、農業改良普及所、一九九三年。

＊29　船田譲「ふるさとの味おふくろの味　発刊に寄せて」栃木県地域婦人連絡協議会・栃木県農協婦人部協議会・栃木県生活改善クラブ協議会・栃木県料理学校協会編『ふるさとの味おふくろの味』栃木県農業者懇談会、一九七八年。

＊30　森枝卓士『日本一の朝ごはん』雄鶏社、二〇〇二年。

＊31　ＪＡ上伊那総務企画部編『母から娘に伝えたい　上伊那の郷土料理』上伊那農業協同組合、二〇〇二年。

＊32　同29。

第四章

家族がおふくろの味に囚われる

――「幻想家族」の食卓と味の神話

1 家族と食事の変遷

家族の戦後史

第二章では主に都市の外食空間に「おふくろの味」が立ち現れるプロセスを明らかにし、第三章では農村内部における日常食が地域の「おふくろの味」として再編されたことと、その背景を論じてきた。

両方に共通しているのは、高度経済成長期に生じた都市農村間の人口移動や産業構造の変化と深く関係する事象であるということであろう。また、都市でも農村でも、結局のところ、おふくろの味は「郷土」や「地域」と同じくらい「家族」や「家庭」と関連する価値として位置づけられる傾向にあったということである。そこで本章では家族の戦後史を振り返りながら、「おふくろの味」との関係について考えていくことにしよう。

私自身、もともとは小規模家族経営で成り立つ地場産業を研究してきたこともあり、これまで家族という組織と共同体のあり方が急激に変化した戦後の社会について考え続けてきた。

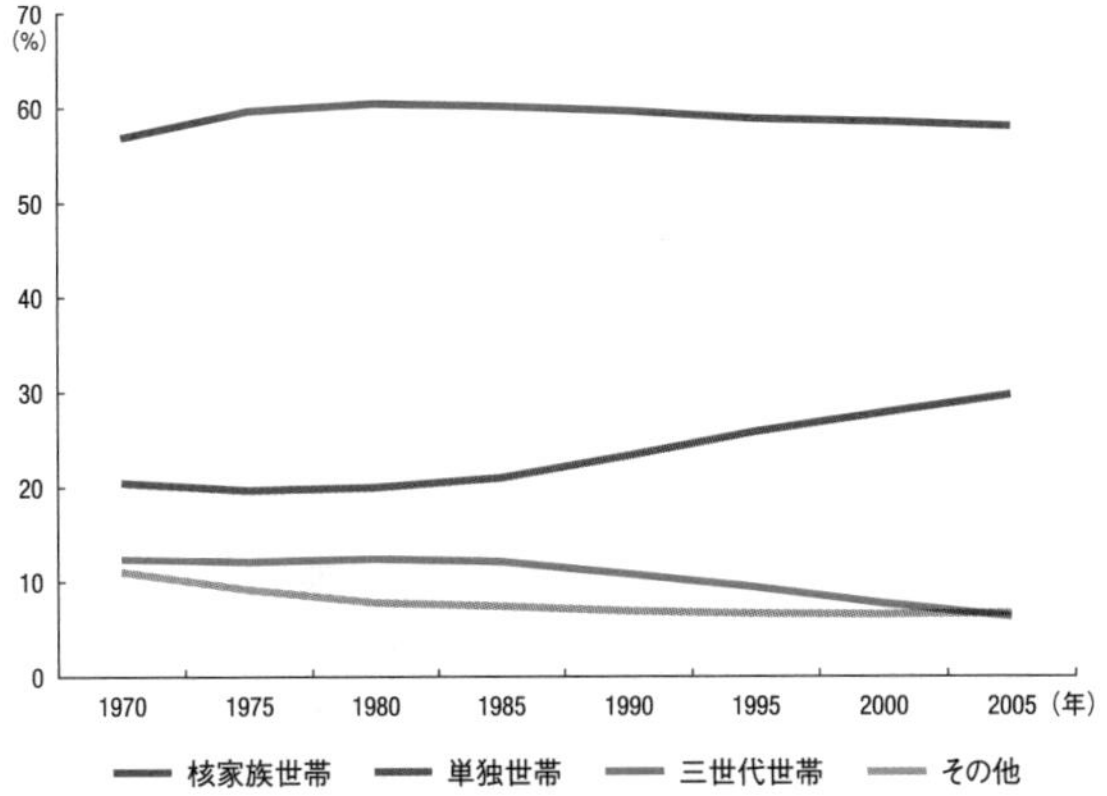

図版4-1　世帯類型別構成割合

※資料：総務省統計局「国勢調査」
※ここでは、「三世代世帯」は、「夫婦、子どもと両親からなる世帯」および「夫婦、子どもとひとり親からなる世帯」

まさに激動ともいえるその変化を概観すると、特に下記の三つの変化が挙げられる。

第一に、家族の類型の変化である。人口の増加を上回る勢いで世帯数が増加したのは、一つの家族を構成する人数が減少していくことを意味していた。国勢調査によれば、子どもとその親から成る「核家族世帯」が全世帯の約六〇%を占めることには急激な変化はないものの、一九七〇年には一二%を占めていた「三世代世帯」が減少する一方、一九八五年から一貫して「単独世帯」が増加している（**図版4−1**）。推計ではこの単独世帯の増加が今後も継続する見込みである。

ここにもう一つ、日本における家族の戦

後史として「単身赴任」という就業形態の増加を加えておきたい。単身赴任とは、家族を持つ雇用労働者が、企業の転勤などによって、家族を伴わずに単身で赴任先へ移住することである。主に単身赴任者数を直接把握している統計はないが、国民生活基礎調査の中で「単独世帯」に占める配偶者のいる世帯数が把握されている。完全に一致するとはいえないが、結婚しているが、何らかの事情で単独世帯となっている男性の多くは「単身赴任」に該当するものと考えた。その数は、一九七五年以降、二〇一五年に至るまで、一貫して増加している。

第二に、共働き世帯の増加が挙げられる。一九八〇年には男性だけが働いている世帯が一一一四万世帯であったのに対し、共働き世帯はその約半分の六一四万世帯であった。それが、一九九〇年代に入ると同数に並び、一九九七年以降は、共働き世帯が男性だけが働いている世帯を上回るようになった（図版4―2）。

第三に、これを反映して、女性の年齢と就業率の関係に変化が生じるようになった。日本における女性の就業率は、長らくM字曲線を描くといわれてきた。これは、一〇代後半から二〇代にかけて学校を卒業してから就職して数年働いた後、二〇代から三〇代にかけて結婚と出産によって仕事を辞める女性が多かったことの表れであった。子どもが小学校に入学する頃になるとパートタイム労働などで再び労働市場に参入し、就業曲線は上昇に転じ、その

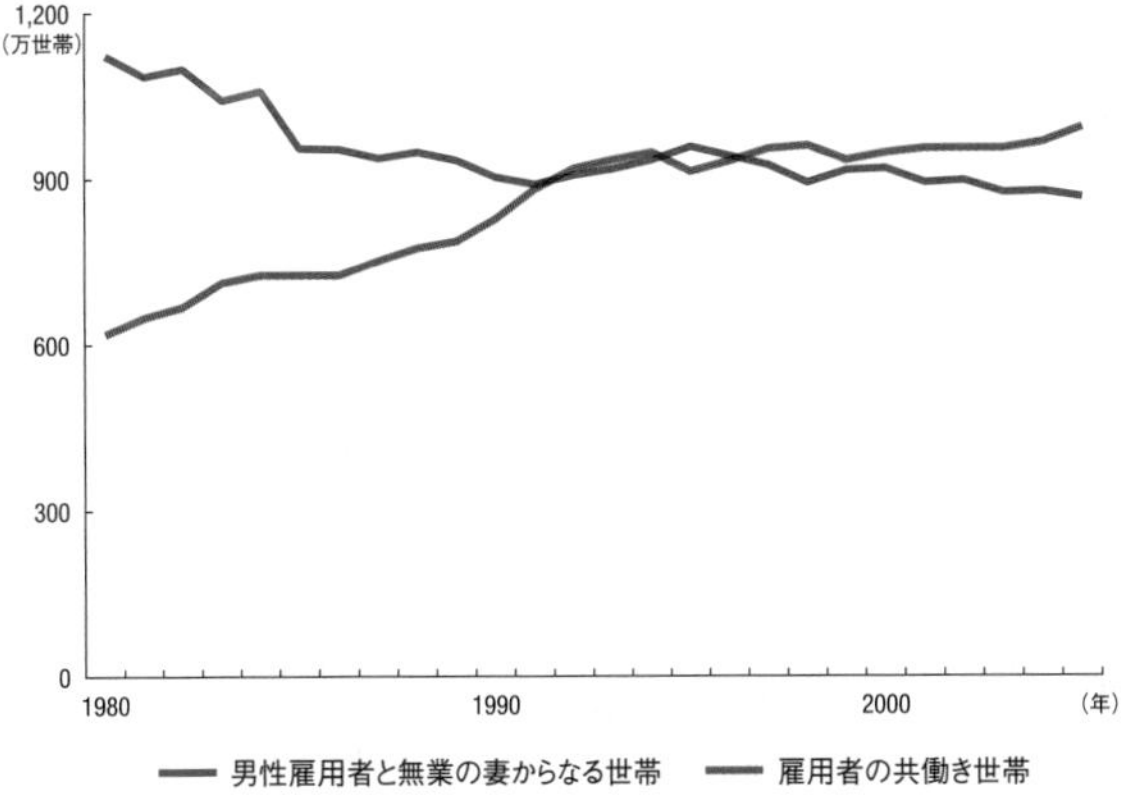

図版4-2　共働き等世帯数の変化
※資料：内閣府「平成18年版男女共同参画白書」

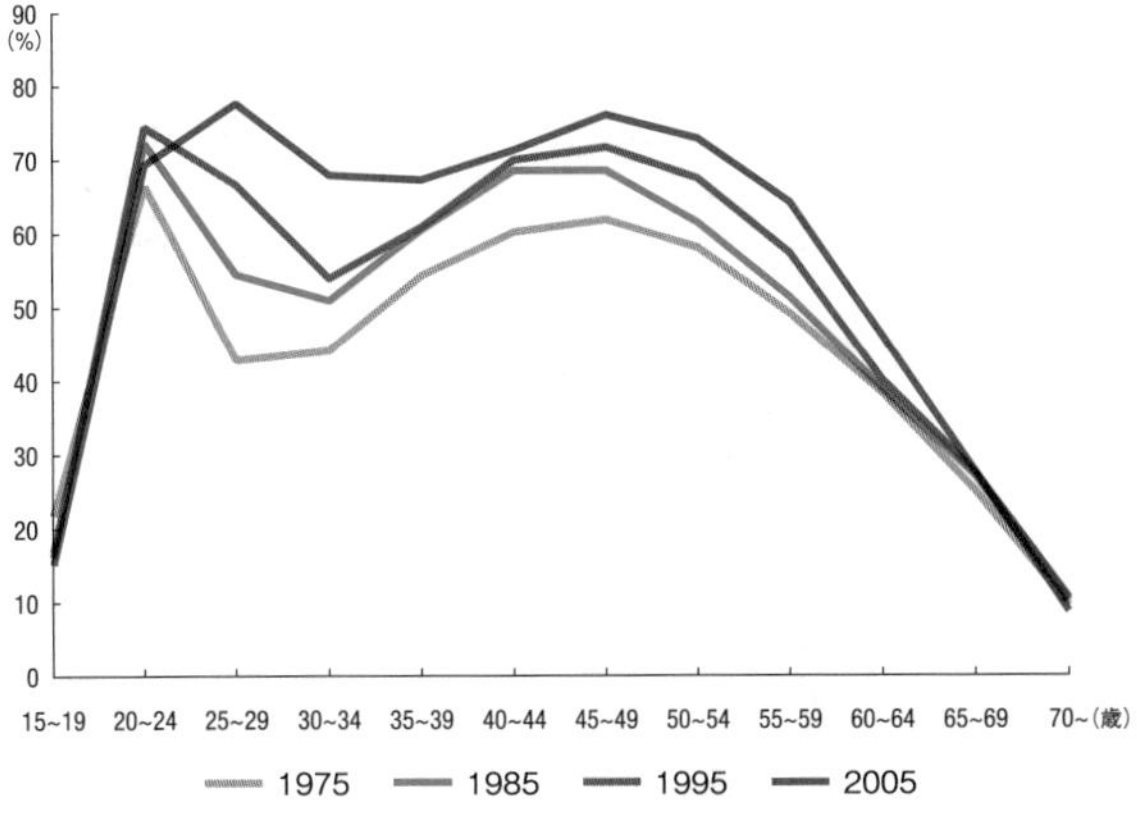

図版4-3　女性の年齢階級別労働力率の変化
※「労働力率」とは、15歳以上人口に占める労働力人口(就業者+完全失業者)の割合
※資料：総務省「労働力調査」より作成

後、加齢による体調不良や家族の介護などの諸事情により退職する。したがって、就業率の推移がM字を描くのである（図版4―3）。

こうしたライフサイクルが女性にとって一般的であった時期は、「専業主婦」という存在が多かった時期と一致している。しかし、結婚や出産、育児などで仕事を辞める割合は、一九七〇年代以降、徐々に減少し、近年ではM字のくぼみは以前に比べて浅くなる傾向にある。

「お母さんがごはんをつくる」という呪縛

不思議なのは、戦後の家族史において、質量ともに、これほどまでに大きな変化があってもなお、「ごはんは女性（お母さん）がつくるもの」という漠然としたイメージが様々な形で残り続けているということである。女性自身もそのイメージを内面化している場合もあり、共働きでありつつ、主に女性が家事に育児に奮闘している姿を描くコマーシャルも存在する。一見すると、「活躍する女性を応援する」というメッセージに見えるものでも、冷静に考えてみると、いくつもの違和感が見えてくるコマーシャルもある。

ジェンダー論を専門とする瀬地山角《せちやまかく》が注目した調味料メーカーのコマーシャルはまさにその一つであろう（二〇一二年に放送され、その後、放送中止となっている）。そのコマーシャルに使われたオリジナルソングのタイトルは「日本のお母さん」。歌詞は次のような内容であった。[*1]

「日本のお母さん」

毎日毎日　ごはんをつくる
何十万年も　お母さんが　続けてきたこと
誰にきめられるわけでもなく　ごはんをつくる
何十億人もの　お母さんが　続けてきたこと
ひとつひとつの　ごはんを　受けついで
わたしたちは　生きている
そんな今も　どこかで
お母さんが　ごはんをつくっている
ただ　あなたの幸せを　願いながら

短い歌詞の中に「お母さん」が三回登場し、「何十万年も」ごはんをつくってきたと歌われている。そればかりでなく、対応する映像では、石器時代や土間でごはんを炊く農村の場面でも、お母さんが一人、肉を焼いたり、ごはんをつくったりしているシーンが流れる。お母さんが太古の昔からずっと変わらずにごはんをつくり続けてきたことになっているわけである。

この本の冒頭ですでに述べたように、家族の中で女性が、もっといえば「お母さん」が食事をつくるというのは普遍的なことではなく、農山漁村では家族の分担によって、都市部では女中などがそれを担当することも少なくなかった。それをふまえると、何十万年もお母さんがごはんをつくってきたというメッセージには大きな誤りがあるといわざるを得ない。それに気がつけば、このCMは一種のパロディのようにも見えてくる。

また、メインの映像の背景に小さくお父さんらしき人が登場してはいるものの、「ごはんをつくる」という作業には全く参加しておらず、終始、とにかくお母さんが奮闘している姿が強調されている。なぜ、このような内容のCMが製作されたのだろうか。また、たとえ短期間であっても、それが公開されたという事態には、いかなる背景があるのだろうか。

このCMをジェンダー論から分析した瀬地山によれば、「性役割分業意識の強化」と、「母の愛＝手づくり料理」という手づくり信仰が含まれている点に留意すべきであるという。[*2]興味深いのは、この手づくり信仰が高度経済成長期に形成された「新しい家族」と「専業主婦」の誕生によって助長されてきた傾向にあるという点である。

前章で取り上げた、地域における「おふくろの味」の再編の担い手が、いつの間にか「女性」に限定され、「祖母から母へ、母から娘へ」という文言が加筆されるようになるのも、ちょうど高度経済成長期である。都会だけでなく農山漁村にも例外なく普及したテレビや雑誌などのメディアの影響には、やはり見逃せないものがあるということだろう。

家族の形態も女性の働き方も大きく変わる中で、「お母さんがつくる手づくりのごはん」という呪縛に家族や女性自身も囚われていくという矛盾はなぜ起こるのか。そのカラクリを解き明かすためには、家族の変化の中で生じた食事の戦後史について触れておかなければならない。

「家庭」という場の増幅

『ファミリーレストラン――「外食」の近現代史』の中で、著者の今柊二《こんとうじ》は食の場面における「家族の発見」という興味深い指摘をしている。[*3]

［…］百貨店が家族を重視して大食堂をつくったり、また屋上を遊園地にして、家族で楽しめる場所にしたりする発想は欧米にはまったくなく、日本での独自の進化となった。明治以降、社会の近代化の枠組みのなかで、母親は家庭からの解放と買い物を楽しみ、子どもは家庭の外に広がる食や文化などの「世界」に触れ、さらに父親は、子どもや母親の喜ぶ様を見て、視覚化された「楽しい家庭」に満足感を得て、「明日も頑張ろう」という気持ちになったのだろう。

この文章の中でまず注目したいのは、「家族で楽しめる場所」と「家庭」という言葉が用いられている点である。「場所」は個人の経験を通して認識されていくという論理とは別に、家族という組織の単位で認識され、意味づけられていくことが明記されているからである。「家庭」は「家族」と同義で用いられる場合もある一方で、家族が集まる「場所」という意味を持つこともあり、この文章の中では「場所」という意味で用いられている。そして奇しくも、「ファミリーレストラン」もまた、家族のための食堂という「場所」を意味しており、そういう場所が隆盛し始めたのが一九七〇年代であった。

明治、大正期に比べて、戦後の高度経済成長期には、自家用車の普及とも相まって、家族という単位での行動が盛んになり、その行動範囲も拡大していった。ファミリーレストラン、スーパーマーケット、各地のレジャー施設には、マイカーという乗り物によって「家庭」という家族の場所をそのままスライドさせながら、人びとは、家族と紐づいた新しい認識を展開していくことになったのである。

家庭という場所の中では、いわゆる「男性は外で働き、女性が内で働く」という性別分業が強化された。一九六一（昭和三六）年には、サラリーマン世帯の妻の「内助《ないじょ》の功《こう》」を評価するという名目で「配偶者控除」が新設され、これによって妻は家事育児の役割を担い、夫に扶養されるという仕組みが整えられていった。[*4] そこで以下では、家族の戦後史、特に高度経済成長期以降の変化を「食事」との関わりで考えてみたい。

「家庭」という新しい場所と「おふくろの味」

五年ごとの国勢調査によれば、日本の総人口が一億人を超えたのは一九七〇（昭和四五）年である。大阪万博が開催され、米の生産調整が始まるこの時期、人びとはどのような感覚で暮らしていたのだろうか。

一九五八（昭和三三）年に実施された内閣府の「国民生活に関する世論調査」では、人びとが自らの生活の程度を「上」「中の上」「中の中」「中の下」「下」の五段階で評価する調査がある。「中の上」「中の中」「中の下」を「中流」と定義づけた場合、その割合は一九六〇年代半ばに八割、高度経済成長期を経るなかで、一九七〇年代に九割に達した。これによって国民の間に「自分は中流である」という意識が広まった、いわゆる「一億総中流社会」が出現したといわれる。生活の豊かさを示すエンゲル係数（総家計支出に占める食費の割合）は一九五〇年以降急激に低下し、一九八九（平成元）年には二四％という理想的な数値になった。[*5]

戦後の日本における人びとの暮らしは、アメリカ的な物質生活への強い憧れをもって出発した。[*6]ダイニングテーブルの上に真っ白な陶器の食器、銀色のナイフやフォークが並べられ、水道の蛇口をひねればお湯と水が両方出てくる。そして扉を開ければミートローフ、パイ、野菜サラダなどが入っている電気冷蔵庫は、当時の日本の人びとにとっては、まるで魔法の箱のように見えた。

こうした物や技術への驚きに加えて、父親と母親とその子どもたちという、いわゆる核家族の世界への憧れを抱く人びとも少なくなかったのではないかと思われる。地域や親戚というしがらみから離れ、自分たちの思う通りに描き、築くことができる、「家庭」という小さな宇宙が無数に誕生したのが、高度経済成長期という時代であった。厚生労働省のデータから核家族の推移をみると、一九六〇年代から二〇〇〇年まで一貫して増加している。その内訳は「夫婦と子」によって構成される世帯が分厚く存在し、そこに「ひとり親と子」「夫婦のみ」の世帯が加わっている。ただし、一九八〇年代以降の核家族の増加は「ひとり親と子」と「夫婦のみ」の増加によるもので、「夫婦と子」の割合は相対的に低下している。[*7]
つまり、一九五〇年代から一九八〇年代までの約三〇年間に、夫婦と子による「家庭」という場所が増加し、その中では主に女性たちが食事を含めた家事を切り盛りするという暮らしが短期間に増幅し、定着したということになる。

この三〇年間というのは、第一章で分析した国立国会図書館の蔵書のうち、「おふくろの味」を冠する書籍が百花繚乱《ひやっかりょうらん》、様々に展開した時期と一致している。一九六〇年代には核家族の誕生と連動するように、変化の中にあっても「おふくろの味」を継承できるようにという書籍が出版され、一九七〇年代には農村から都市への止まらない人口流出を背景に「おふくろの味」が農村と都市をつなぐものとして再認識され、そして一九八〇年代には、男性が自ら「おふくろの味」をつくり始めるなど、新しい動きとともに男女のせめぎ合いが生じるようになった。

こうしてみると、「おふくろの味」は家族形態の変化とも深く関わって、複数の意味づけがなされながら発見されたり、強調されたり、再編されたりしてきたことがうかがえる。前章でみたように、家庭にその継承主体としての役割を期待するという世相が醸成されることもあった。それゆえに、「新しい家庭」という場所においては、それが時には呪縛のように感じられることもあっただろう。

憧れのダイニングテーブルという場所

ではこのころ、実際の食卓にはどのようなものが並び、どのような調理をし、人びとはどのような食の経験をしていたのだろうか。

日本全体における家電製品などの普及率の推移をみると（図版4－4）、一九五五年から一九七〇年までの間に、電気冷蔵庫、電気洗濯機、テレビというういわゆる「三種の神器」が急速に普及していく様子を確認することができる。電子レンジは一九七〇年以降、一九八〇年代にかけて普及が進み、ほぼ全ての家庭が所有するようになったのは二〇〇〇年代に入ってからであった。

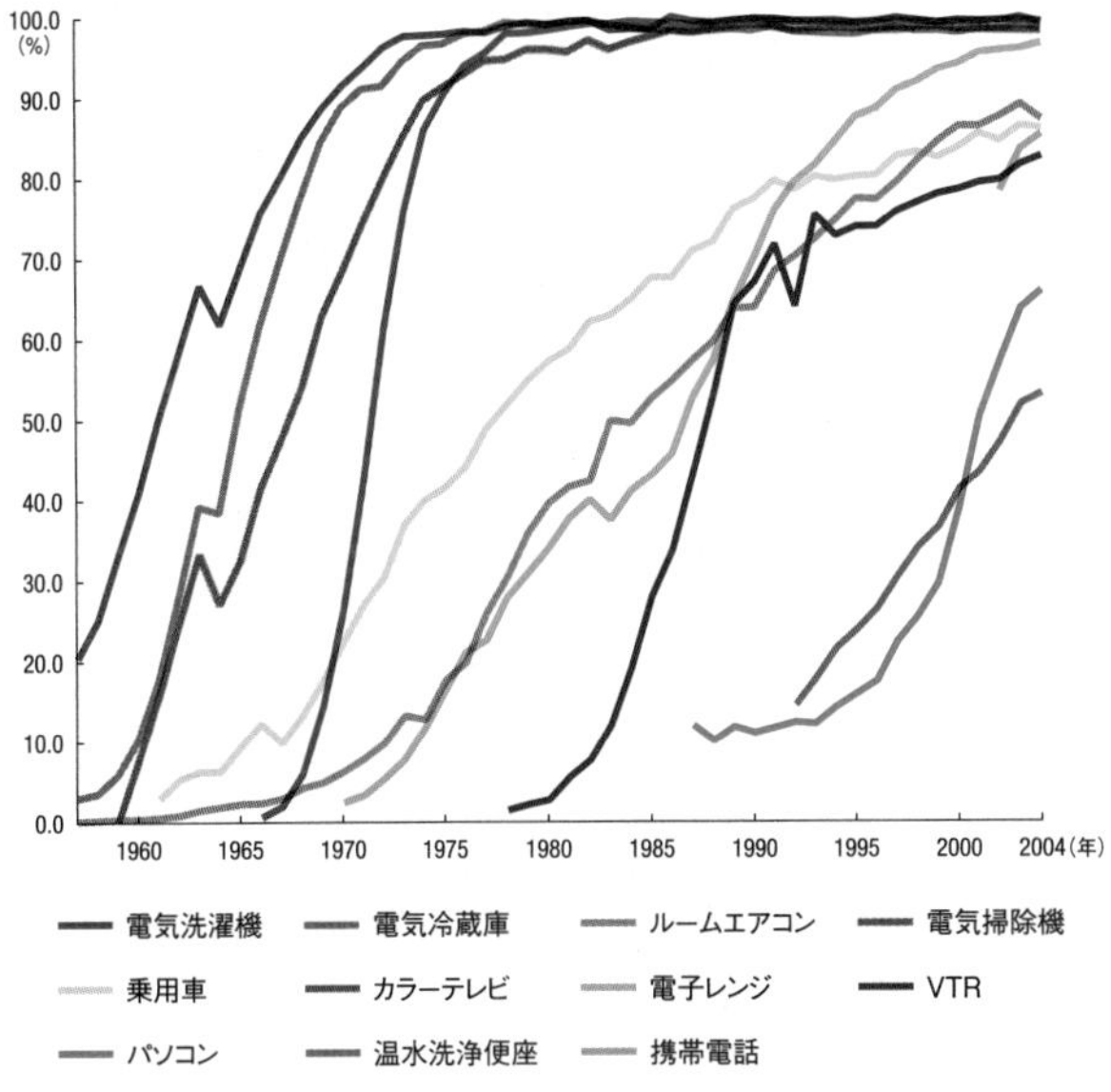

図版4-4　家電製品などの普及率の推移

※資料：内閣府「消費動向調査」

これと合わせて、食料供給率の推移から食生活の変化をみると（**図版4－5**）、この時期に「牛乳及び乳製品」「野菜」「魚介類」「肉類」「果実」が急激に増加していることが読み取れる。これは冷蔵庫の普及とも連動した動きとみることができる。冷蔵庫の普及率は一九七四年に九七％近くに達し、その後、大型化していく。[*8]「米」が減って、「小麦」が増えているのはパン食の普及の表れでもある。パン食になると、それと合わせて牛乳や乳製品が食卓にのぼるようになる。私の実家でも母が結婚してからつくる朝食はほとんどトーストと牛乳、コーヒー、卵料理というメニューであった。**図版4－5**からは、こうした食卓の風景をも読み取ることができる。

昭和の戦前から戦後の昭和二〇年代までは、都市部を除いて田舎では江戸時代とほとんど変わりなくおかずの数は少なかった。一つか二つあればよいほうで、具だくさんの味噌汁と漬物が日常的であり、しかも食材の中心は野菜、乾物であった。[*9]それが高度経済成長期に至って、様々な食材を多様な調理方法で賑やかに食卓に並べる「おかず食いの時代」が到来した。

このように、一九七〇年代以降、アメリカをモデルとした憧れの台所と食卓は、家電メーカー、食品メーカー、流通業者、そして人びとの憧れが交錯しながら着実に現実のものへと

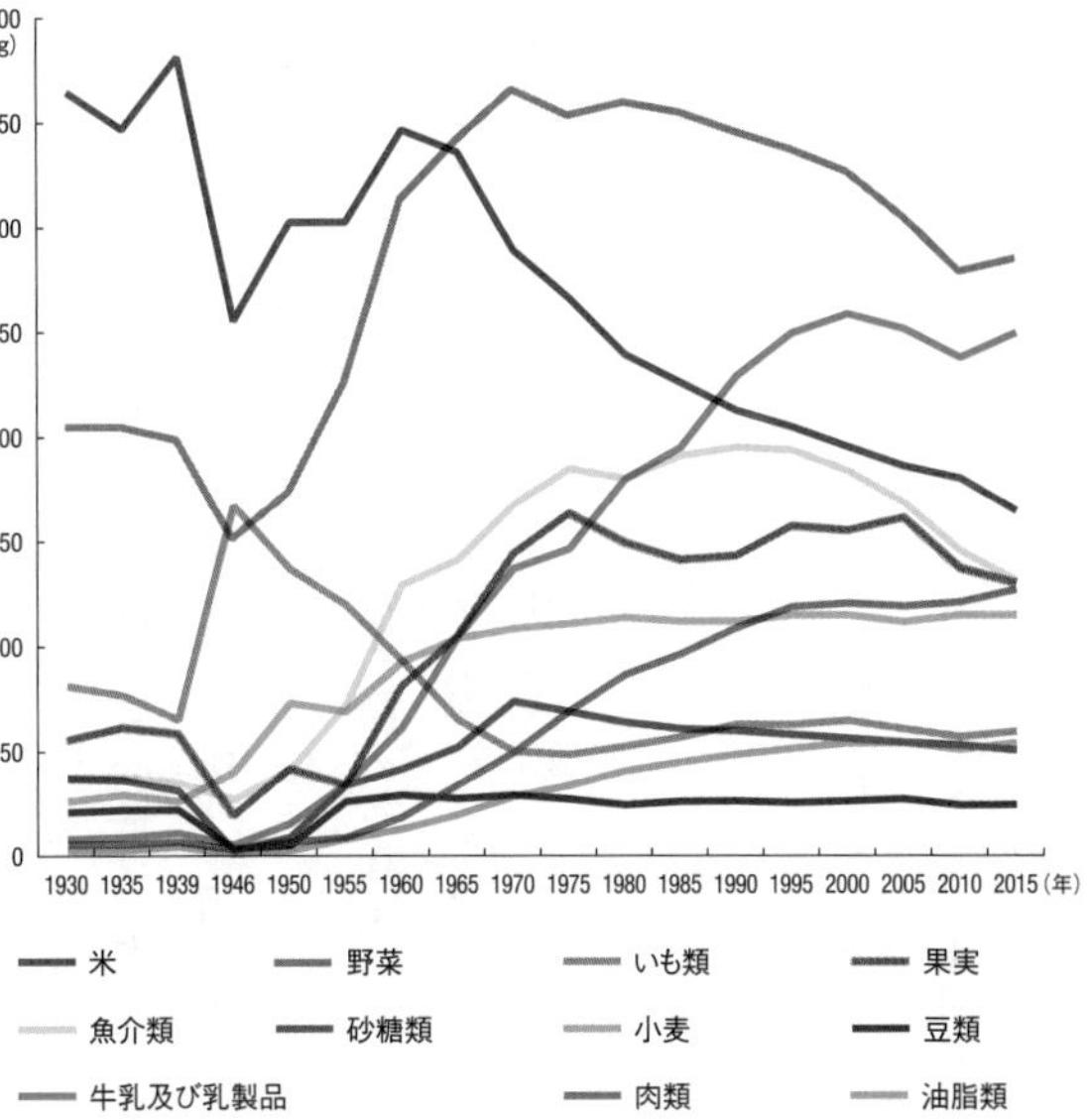

図版4-5　1人1日あたり供給純食料からみた食生活の変化

※1972年から沖縄を含む

※資料：1930～1959年までは「食料需要に関する基礎統計」、1960年以降は「食料需給表」より作成
1940年、1945年のデータが欠如しているため、1939年、1946年に代替した

近づいていったのである。

　ニューファミリーとも呼ばれた「新しい家庭」という場所に対する認識もまた、新しい展開を迎えることとなった。例えばそれは、核家族が暮らす家のダイニングテーブルでの会話や食事という経験に彩られ、食事の経験の背後には、家電メーカー、食品メーカー、流通業者という多くのプレイヤーが関わっていた。

　このように、生きる世界の地図が大きく描き換えられていったこの時代だからこそというべきか、「おふくろの味」という言葉やイメージがメディアや社会によってますます強調され、より多彩に展開するようにもなった。その錯綜ぶりが、時に食事を用意する人びとを戸惑わせることにもなったのである。

「家族団らん」という経験が生む場所

　表真美《おもてまみ》の『食卓と家族——家族団らんの歴史的変遷』によれば、高度経済成長期は「家族団らん」の実現期であった。明治二〇年代に欧米からの借り物として誕生した「食卓での家族団らん」というイデオロギーは、大正期の生活改善、戦時下の食糧不足を補うための国家戦略としての団らんへと移ったあと、戦後の高度経済成長期に新しい家族像の登場とともに「家族団らん」の食事が広く定着するようになったのである。そして、家族で「団らん」して食事をするという経験は、食堂という「空間」を特別な「場所」に変えていった。
そもそも「家族団らん」で食事をするということ自体が普遍的なものではなく、様々な時代の要請を受けて普及が目指されてきたということがまず重要であるが、それがついに実現するのが高度経済成長期であったということにも注目しておきたい。まさに、新しい家族の時代が到来したといえる。一九七五（昭和五〇）年の国民栄養調査では、夕食は「家族一緒に食べる」との回答が、男性九一・四％、女性八八・八％であり、夫婦のみの世帯、親子世帯、三世代世帯いずれも九割以上であった。[*10]
食事という経験が生み出す「場所」も大きく変化してきた。戦前期、食事は子どものしつけの場であり、おしゃべりは少なく、どちらかというと静かであった。それが戦後に変化した。母親に「家族が最も楽しく過ごす時」についてたずねた調査によると、「食事の時」という答えが一番多く、七四％、ついで「家族でおしゃべりをする時」という答えが七二％であった。[*11]つまり、食事の場が家族でおしゃべりをする団らんの場へと変化したことになる。
一九七八年の調査によれば、家族そろって夕食を食べる割合は、「ほとんど毎日」が六六％、「週に三〜四回」が一三％であった。一〇人中八人は少なくとも二日に一回は家族そろって食事をしていることになる。その一方で、都市規模別にみると、「ほとんど毎日」と答えたのは、町村部七六%、人口一〇万未満の市で七〇%、都市の規模が大きくなるほど減少し、東京・大阪では町村部よりも二〇%低い五七%であった。[*12]

2 新たな食経験と故郷の変化のはざまで生まれる幻想

「おふくろの味」という幻想

おふくろの味を「幻想」と解釈した大野雅子は、「おふくろの味」が回顧の経路となることが多いこと、例えば「肉じゃが」を「おふくろの味」とするのはごく最近の物語であると指摘した。[*13] とりわけ次の主張は、女性たちにとっての「おふくろの味」を考える際、示唆に富んでいる。女性にとって「おふくろの味」が単なるノスタルジーであることにとどまらず、郷愁でありつつも呪縛であるのはなぜなのか。その鍵として、ここではひとまず、次の文章を引用しておきたい。

「母」は記憶の中で全き人間として人々を呪縛する。

息子たちは記憶の中に母を呼び戻す行為を通じて完璧な母親像を創り出す。「母」とはその不在によってその存在を大きくし、記憶の中でその母性を輝かせる。「母」とは日本の近代が構築した幻想の物語なのである。

この文章を読むと、初恋の記憶、失ったものの記憶が、時間がたつほど美化され、理想化されていくのと同じロジックであることがわかる。「遠きにありて思う」がゆえに、郷愁の念は「おふくろの味」という幻想へと転じていくことになる。

高度経済成長期の中で育まれた望郷文化の一つとして「おふくろの味」が誕生し、それが幻想へと変容していく背景には、具体的に二つの要因があったと考えられる。結論からいえば、その味が「幻」になっていったのは、「おふくろの味」をめぐるイメージと現実との乖《かい》離《り》が生じ始めていた兆《きざ》しであった。

その第一の要因は、離郷して都市に暮らし始めた人びとの新たな食経験である。集団就職の経験者からの聞き取り調査によれば、時に故郷の味を懐かしむことはあったとしても、それ以上に就職先で初めて食べたコッペパン、オムライスなどの味は忘れられないほど、強烈な経験だったという。[*14] 働きながら、全国各地を回り、あらためて各地の郷土の味を発見する経験をすることもあった。それは例えば次のようなものであった。

会社の労働時間は長かったが、社長が面倒見がよく、食事の他にもお腹が空いただろうと、コッペパンにジャムやピーナツを入れたものを食べさせてくれた。[*15]

（一九四五年生まれ、男性、熊本県天草《あまくさ》市から愛知県名古屋市へ）

いつも大阪で初めて食べた食事を思い出す。それはオムライスだった。初心を忘れないように初めて大阪に来た日を記念日と決めて、心を新たにしている。

（一九四三年生まれ、男性、沖縄県伊江島《いえじま》から大阪府大阪市へ）

（営業で回った出張先で）「山形に初めて来たのなら、蕎麦食って帰れ」と暖かい蕎麦を食べさせてくれた。蕎麦は山形の郷土料理であった。[*16]

（一九四七年生まれ、男性、宮崎県椎葉村《しいばそん》から岐阜県多治見市《たじみ》へ）

こうした様々な食経験を積み重ねる中で、故郷の味は、様々ある味、新しい料理の中の一つの分類、選択肢として位置づけ直されるようになっていく。

もう一つの要因として、この時期の新たな食経験としてはラーメンの登場についても触れておかなければならない。集団就職の時代以降、就職や進学を目的とした独身者、とりわけ男性の都市への流入が続く中、都市部で「ラーメン店」が台頭し始めたのは必然というべきだろう。『ラーメンと愛国』の著者、速水健朗《はやみずけんろう》は「ラーメン＝国民食」という認識は、この時期の都市浮遊独身者たちの記憶から始まったのではないかと指摘している。[*17] 日本におけるラーメンの歴史を明らかにしたアメリカの歴史学者ジョージ・ソルトも次のように言う。[*18]

ラーメンは、一九五五年から一九七三年の日本の高度経済成長時代に建設労働者と学生の昼食の主役になった。この時代、数多くの建設計画と田舎から出てきた大勢の若者が、東京などの大都市の生活をつくりかえた。ラーメンはより手軽に食べられるようになっただけでなく、急成長する経済の片隅で苦闘する人々にも手が届く食事というイメージが生み出された。この時代の映画や短編小説、雑誌記事は、ラーメンが手軽になったことと、裕福ではない人々が頻繁に食べていたことを裏付けている。

「緑茶を飲みながらパンをかじるというのでは、バランスがとれるはずがない」と言って、安藤百福《あんどうももふく》がチキンラーメンを試行錯誤して開発し、販売したのは一九五八年八月二五日である。当時、うどんが一玉六円の時代に三五円で売り出したが、飛ぶように売れていく。[*19] お湯さえ沸かすことができれば調理可能であるインスタントラーメンは何といっても画期的で、ラーメンは屋台で食べるにしても、自炊するにしても、都市に暮らす人びとの胃袋を満たすための頼りになる一食と認識されるようになっていった。

言ってみれば、パンやラーメンを食べることは、お金でそれを買えば、多くの人が自力で賄える食事だった。そうした新しい食経験に慣れていけばいくほど、自力では賄えない食事、つまり手間や時間がかかり、場所や特定の食材が必要な故郷の味（例えば漬物など）は、希少な「幻」の一品として、都市独身者の記憶に精彩を放ちつつ、刻まれるようになったのだと考えられる。いや、よく考えてみると、戦中戦後は手間がかかるというほど豊富な食材や食事があったわけではなかったので、こうしたイメージ自体も、実は「幻」の所産かもしれないのである。

新しい家族の形成と「おふくろの味」の喪失

読売新聞社と中央公論新社が醤油・調味料メーカーのキッコーマンの協賛を得て募集した「あなたの『おいしい記憶』をおしえてください。」コンテストの第一回入賞作品に「〃おふくろの味〃の概念に関する一考察」（東京都・高橋克典）という作品がある。[*20]「おふくろの味」が実体ではなく、ある種のイメージ、もしくは幻想であるということが自覚される具体的な出来事の描写が興味深いので、その一部を以下に紹介しよう。


　魯山人でもあるまいし――二〇年連れ添った妻にそう言われて、カッとなった。お父さん、いい加減にしたほうがいいよと娘も言う。まるでおれが悪いみたいなことになっている。それでまた腹を立て、とうとうケンカになった。五七歳にもなって、ポテトサラダで夫婦喧嘩はみっともないと思うが、悪いのはおれじゃあない。

　夕の食卓にポテトサラダが出てきたから、それをつまみにビールをやり始めたら、

　「どうよ、今日の味は」

質問してきたのは妻のほうだ。

「やっぱりポテトサラダだけは、おふくろのほうが上手いな」

訊かれたから素直に答えたまでのことで、他意はなかった。今年で八〇歳になる田舎のおふくろが作ったほうのが、旨いんだからしょうがない。すると、そんなはずはないと妻が言い出した。うちのおふくろに教わったとおりに作っている。だから、少なくとも同じ味のはずで、不味いわけはない――と。

「不味いと言ってない。違うなと言ってるんだ。同じ味じゃない。おれには分かるんだ」[…]

「いい歳して、マザコンなんだよ、お父さん」

「そう、そうなのよ。信州へ帰って、母ちゃんに作ってもらえばいいのよ」

待てよ、以前に同じような光景を見たぞ。

それは祭りの日のことだ。海のない信州安曇野では、鯉を煮付けて喰う慣習がある。

「どうですね、鯉の味付けは……」

母が父にそう訊いた。すると、

「そうさな、旨いには旨いが、やっぱりおふくろの味には及ばんなあ」

父の言葉で、母がみるみる不機嫌になっていくのが分かった。

「おやじ、いい加減にしとけよ」

あのとき、おれは確かにそう言ったっけ。

ばあちゃんの作る鯉の煮付けは、そりゃもう絶品だったけれど、それを言っちゃお終いだぜ、おやじ――という感じだった。［…］

男性にとって、結婚し、核家族を形成するということは、自分が食事をつくらない限り、自分の「おふくろの味」は永遠に失われる構造になっている。にもかかわらず、そうした日常の中で無邪気に「おふくろの味」を求めようとすると軋轢《あつれき》が生まれる。高度経済成長期に増幅した少なからぬ家庭の中で、こうした会話が展開することがしばしばあったのには、それなりの理由があったわけである。

川柳　おふくろの味

一九九六年に服部《はっとり》栄養専門学校校長の服部幸應《ゆきお》と日本川柳ペンクラブ事務局長の山本克夫《やまもとかつお》

が選者になって刊行された『川柳　おふくろの味』にも興味深い作品が多く掲載されている。[*21]
新しい家族の中で失われた「おふくろの味」を嘆くような作品をいくつか紹介しよう。

おふくろの　味に飢えてる　ビル暮らし（男性・福岡）
なぜ出来ぬ　妻よあの味　盗みとれ（男性・大阪）
女房に　内緒で話す　母の味（男性・神奈川県）
あと一歩　母に似てきた　妻の味（男性・愛媛）

男性の嘆きが大きいが、女性も次のような作品を書いている。

主婦三年　まだまだかなわぬ　母の味（女性・大阪）
ままごとで　まずは真似から　母の味（女性・埼玉）
目分量　母のようには　いきません（女性・大阪）

男性自身が「おふくろの味」の再現に挑戦しようとする姿もある。

妻の目を　盗みおふくろ　味にする（男性・神奈川）
おふくろの　味で亭主の　厨房入り（男性・京都）

川柳に託された悲喜こもごもが伝わってくる。
内容とは別に特筆されるのは、同書に掲載された川柳のほとんどが、故郷や地域、つまり「ふるさとの味」ではなく、実存した母親についての具体的な思い出にまつわる食や味を表現したものが多いことである。一九九〇年代の「おふくろの味」は、一九六〇〜一九八〇年代のような地域という「場所」というよりも、家庭という「場所」に限定して発想されるようになっているのである。これは、「おふくろの味」の意味するところが狭小化する傾向にあったことの表れなのかもしれない。それは、選者の服部幸應が同書の刊行に際して、「はじめに」に寄せた、次の文章にも表れている。

グルメ・ブーム——この言葉が生まれて、もうかなり久しい年月が経ちました。しかもその内容は、時とともに移り変わって参りました。

高級なものだけを追求し飽食した、バブル華やかなりし頃。また、そのバブル崩壊による食べ放題、店の前に行列ができるほどのブームは、まだ記憶に新しいところです。

[…]

女性の社会進出、核家族化、外食産業の発展などにより、その家庭独自の味、すなわち「おふくろの味」というものをしらないまま育つ子どもたちが増えています。

「おふくろの味」ではなく、「お」をとった「袋の味」、いわゆる袋入り加工食品が食卓の六割以上をしめる現代の食生活、ハウス物や養殖物そして輸入食品にたよっている日本ですが、しかし本来、日本は四季折々の「旬の味」を感じることの出来る季節料理のある細かな食文化はけっして失っていないはずです。

私は、ここで家庭料理の良さを見直す機会を、ぜひみなさまに持っていただきたいと考え、今日の「川柳　おふくろの味」を企画・立案、作成いたしました。

女性の就業状況や家族形態の変化、そして外食機会の増加という時代の変化を受けて、「おふくろの味」は「家庭料理の良さを見直す機会」と捉えられている。この時期に至って、「おふくろの味」は単なる料理や味ではなく、また第三章で述べた「地域」や「故郷」への思慕でもなく、多分に「家庭」に関する啓蒙的、道徳的な意味を含みながら、社会に共有され始めたという点に注目しておきたい。

3 独りでつくる「おふくろの味」——家族というジレンマ

料理をするのは誰ですか

象印マホービン株式会社が二〇一四年に実施した「夫と妻の料理に関する意識調査」というインターネット調査によるデータがある。[*22] サンプル数は八六九四、首都圏在住を調査地域と設定し、二〇歳以上の既婚男女に対して実施された料理に関するアンケートである。その結果を概観すると、自宅で料理をする頻度は、妻「毎日する」が七〇%以上、夫は「ほとんどしない」「まったくしたことがない」が三八%、逆に男性で「毎日する」は八・五%であった。

最近では男性も料理をするようになったとは言われているものの、データを見る限りは女

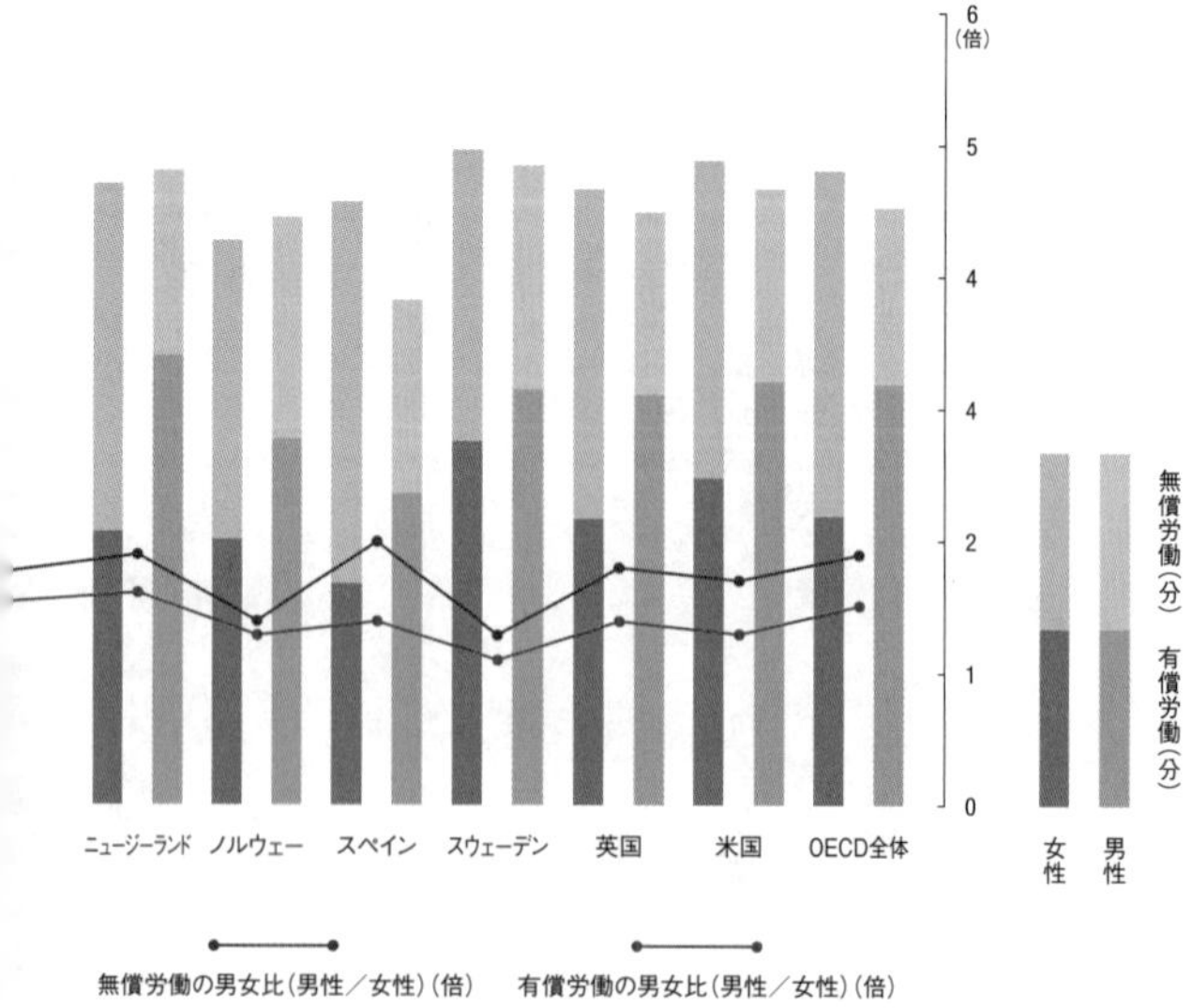

性が多くを負担していることがわかる。この状況を国際比較の視点から相対化するために、内閣府の男女共同参画局のデータも合わせて検討してみよう。

図版4―6は二〇〇九～二〇一八年を調査期間として、男女別にみた生活時間（週全体平均）について有償労働と無償労働の時間割合を指標に、日本を含むOECD一四か国で比較したものである。有償労働時間の男女比はほかの国とほとんど差がない一方、無償労働、つまり家事育児を担当する男女比は、日本は女性が男性の五・五倍と飛びぬけて高い。

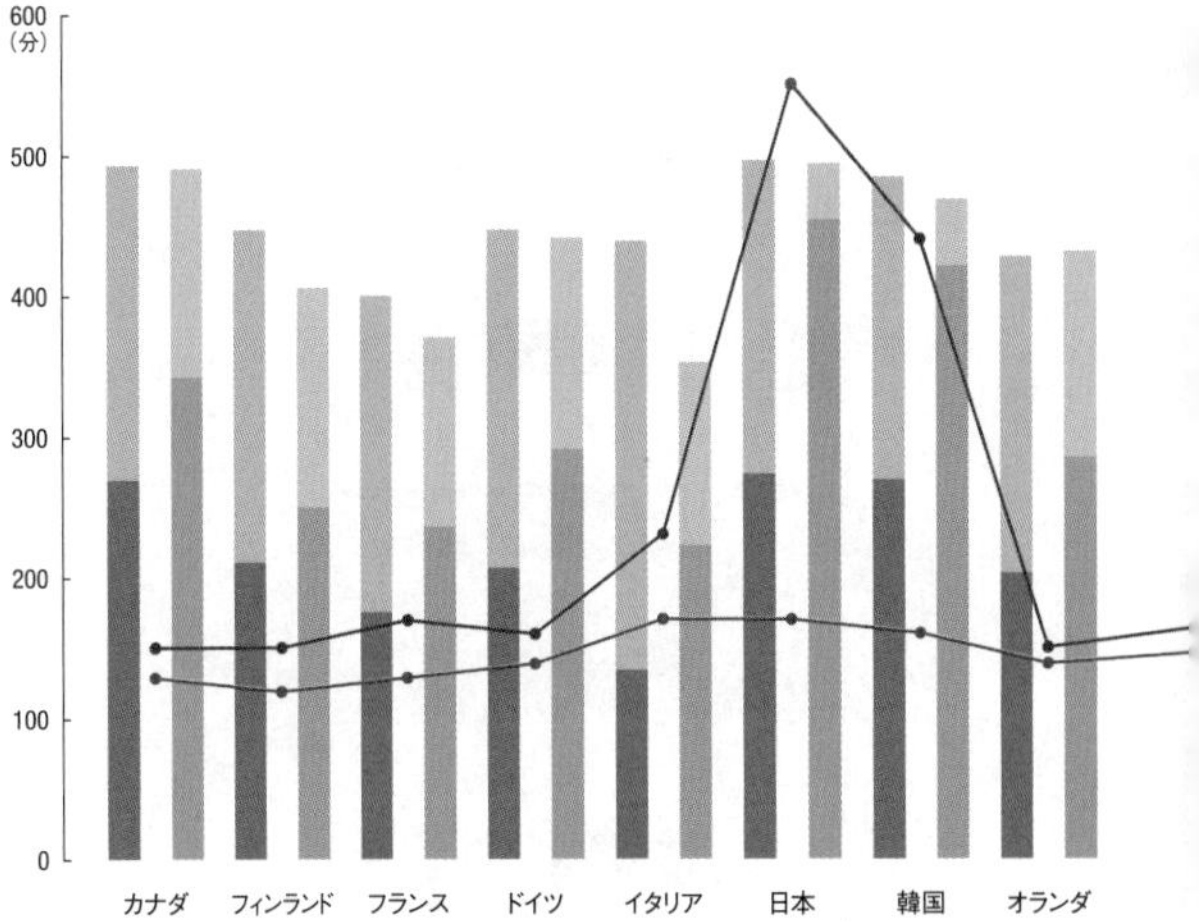

図版4-6　男女別にみた生活時間（1日当たりの国際比較）
※資料：内閣府男女共同参画局資料より作成

韓国がそれに続いている。国際比較してみると、日本では驚くほどに男女の差が大きいことがわかる。

無償労働の内訳を示した**図版4－7**は、六歳未満の子どもを持つ夫婦の家事・育児関連時間（週全体平均、一日当たり）について日本を含む七か国で比較したものである。いずれの国の男女と比べても、日本の妻が担当する七時間三四分という時間が最も長い。育児時間を差し引いた「家事・育児関連時間」の中に料理時間が含まれており、その時間は妻だけでみると、各国の差はそれほど大きくはない。ところが、男性に着

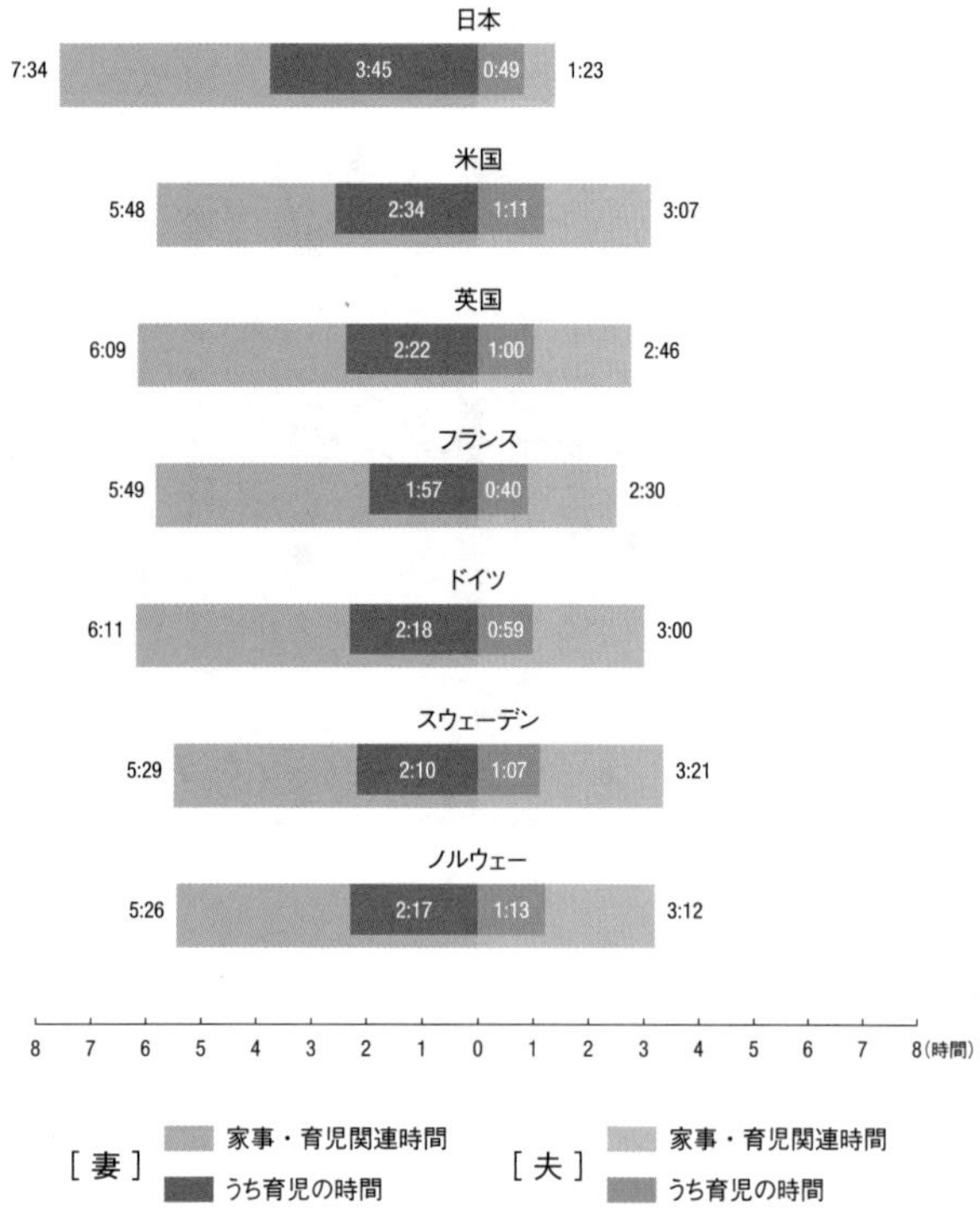

図版4-7　6歳未満の子どもを持つ夫婦の家事・育児関連時間
（週全体平均、1日当たり）

※資料：総務省「社会生活基本調査」（平成28年）、男女共同参画局資料より作成

目してみると、日本の夫が三四分と極端に低いことが明らかである。

つまり、日本の場合、高度経済成長期以降に強化され、定着した、家事担当者としての妻という位置づけが、データで見る限り、現在に至るまでほとんど変化していないことになる。

なぜ「おふくろの味」は女性にとっては導火線になり得るのか

しかし、その一方で、この間、大きく変化した数値がある。それは、女性の就業率と共働き世帯数である。いずれも増加傾向にある。特に共働き世帯はすでに**図版4－2**で確認したように、一九八〇年代以降、ほぼ継続的に増加傾向にあり、一九九〇年代後半に専業主婦世帯の数を超え、二〇〇〇年代以降は、専業主婦世帯を大きく引き離して増加の一途をたどっている。

世帯や女性の就業に関するデータを合わせて考えると、日本では働く女性が増加したにもかかわらず、家事・育児に関わる性別分担率がほとんど変わっていないことが明らかになる。毎日、日常的に料理を担当するのは女性たちであるという状況は、今なお続いており、それは国際的な比較からみれば、かなり特殊な状況であるといえるのである。

そうしたジレンマに直面しながらもなお、女性たちは夫や社会から「おふくろの味」の担い手としての役割を求められることがある。一九八八年に出版された『図解亭主の好きな全国おふくろの味――栄養士がすすめる郷土料理141』[*23]は、そのタイトルに表れているように、妻が夫のために料理する「おふくろの味」のつくり方の指南書である。「序にかえて」には「祖母から母へ、母から娘へと伝えられてきた、あたたかいぬくもりを感じることができるでしょう」とあり、味の継承は女性たちの双肩にかかっていることが強調される。

しかし、もし仮に、女性たちがその役割を果たそうとした場合、求められている「おふくろの味」のつくり方や味の加減は新しい家族形態の中では経験知として得ることは難しいという、もう一つのジレンマに直面することになるのである。「おふくろの味」はこうした状況の中では女性たちにとっての重荷でしかなく、呪縛のように感じられることも多分にあるだろう。おそらく、「だけど、私はあなたのおふくろじゃない」と言い返したかった少なからぬ女性たちもいたに違いない。

本書の冒頭で、「おふくろの味」は男にとってはノスタルジーであったとしても、女にとっては、夫婦喧嘩や軋轢の導火線になり得ると述べたのは、女性を取り巻くこうした現代社会の状況をやや風刺的に捉えたかったからである。

では、この変化の渦中《かちゅう》にいた女性たちとその食卓はどのような状況にあったのだろうか。

次に、あるマーケティング調査をもとに、その実態をみてみたい。

4 混迷する家族と食卓――低下する日常の価値

現代日本の食卓の実態調査

食卓から家族を見つめる五年間にわたる〈食ＤＲＩＶＥ〉調査が広告会社アサツーディ・ケイによって開始されたのは一九九八年のことであった。調査対象となったのは、首都圏在住の一九六〇年以降に生まれ、子どもを持つ主婦たちである。彼女たちは一九八〇年代に二〇代となり、概ね一九九〇年代にかけて結婚、出産、育児を経験している。それはちょうど、生活の豊かさを示すエンゲル係数が二四％という理想的な数値になった時期のことである。先述に照らせば、彼女たちはまさに、高度経済成長期以降に家族形態、性別分業、就業いずれもが大きく変化していく渦中にいた年代でもある。

調査が行われた一九九〇年代後半において、すでに食事は家族の中に閉じている傾向にあり、隣近所はもちろん、親しい間柄でさえ、各々の家族が何をどんなふうに食べているのかを知る機会はほとんどなくなっていた。そのため、現代日本の食卓の実態を明らかにした同調査の結果は大きな反響を呼んだ。

調査は三段階で実施された。まず、食事づくりや食生活、食卓に関する意識などを質問紙法でたずねて回収する。次に、一日三食一週間分の食について、使用食材の入手経路やメニュー決定理由、つくり方、食べ方、食べた人、食べた時間などを日記と写真で記録してもらう。そして最後に、質問紙と食事記録を突き合せた結果生じた疑問点などを、面接を通して詳細に聞き取るというものである。第三段階のインタビューでみられたのは、例えば次のような台詞である。[*24]

食費はできるだけ削ってディズニーランドへ遊びに行ったり、できればハワイとか海外旅行にも行ってみたいですね。

食べることにはあんまり関心ないですから、食費は抑えてなるべく他に回したいです。

高度経済成長期に「食事」を中心にダイニングテーブルやファミリーレストランで「家族らしさ」を演出しようとしていた時代は過ぎ去り、食への関心も費用も低下する傾向があると、調査結果では論じられている。「節約のため」「なるべく安いものを」「野菜は高いときは買わない」「一〇〇円ショップの食品をよく使う」など、飽食の時代といわれながらも、日々の食費はできるだけ節約したいと語る人が多い。特に、調査時点で三〇代前半（二〇二二年現在では五〇代半ばくらい）の主婦の八〜九割がそう答えたという。

「食」の軽視と重視――二極化の時代

賃金が上がらないにもかかわらず、物価が上がる昨今の世の中では節約は重要な生活の工夫であるといえるが、その節約の対象の大きな部分を「食費」が占めていることが見逃せない。では節約できないものは何か。あくまでもこの調査の結果として、という限定ではあるが、食よりも優先するものとしては、旅行やイベント、服飾や趣味などが挙げられている。

調査をまとめた同書の著者である岩村暢子《いわむらのぶこ》は、こうした傾向を「衣食住遊の中の『食』の相対的下落時代」「『食』軽視の時代」と説明している。「食べることには関心がない」「食べることより遊びたい」という考え方は、アンケートに答えた主婦のみならず、男性にも同様の傾向がみられた。「おふくろの味」どころか、味や食への関心が低下している現状がみえてくる。

中食《なかしょく》や外食による食の簡便化や外注化も進行している。その背景としては、「忙しい」「時間がない」「余裕がない」「疲れている」という理由が挙げられている。家事育児に加え、仕事、地域活動、学校の役員業務、学習活動やサークルへの参加などもあって、女性たちは多忙化している。食事記録には、例えば次のような食の風景が記されている。[*25]

［…］調査一日目は友達の家に遊びに行き帰りが遅くなり、夕飯は「時間がなかったためあり合わせで簡単なものに」する。夫は飲みに行き家で食べていない。二日目は休日だったが「疲れていたから」朝は前日の夕飯の残りをそのまま出している。そして昼は子どもを連れて動物園に遊びに行き、売店で買ったおにぎりや焼きそばを食べる。夜は夫の友達が来たのですぐにできるものをと考え、スーパーの惣菜とインスタントの素でできる料理を作る。

三日目は家族で実家へ出かけ、「実家に行ったときは全く手伝いません」と朝から三食、実母に作ってもらって食べている。翌日の四日目昼まで同様。そして、夕方帰宅するが、「帰ってくるのが遅くなって時間がなかったので」炒め物などで適当に済ませる。五日目は、「朝は時間がないので」納豆だけ食べさせる。昼は「友達の家に遊びに行ったので時間がなくなり」コンビニで買った菓子パンとおにぎりをその家で子どもと三人で食べる。夕食は「帰ってくるのが遅くなったため時間がなくて」テイクアウト弁当を買ってきて家族で食べている。

今この事例で確認したいのは、こうした食生活の是非ではなく、食はもはや「時間をかける」事象や活動ではなくなっているという事実である。代わりに、「遊び」や「来客」、「帰省」など、様々なイベントに時間と労力が割かれ、食事をつくったり、食べたりする時間や労力を確保できない状況は、特段に奇異な事例ではなく、現代においてはむしろよくある家族と食の風景であるといってもよいかもしれない。

「時間がない」「忙しい」のは、必ずしも仕事をしているための絶対的時間不足の結果ではなく、「料理に手間暇かける気分になるような時間はない」というのが実態であると岩村は読み取る。つまり、本章冒頭で先述した女性の就業率の上昇、共働き世帯の増加という理由だけではなく、全体として、つくる、食べるといった「食」をめぐる様々な行為自体をそれほど魅力的なものとは思っていない世代の空気が漂っているのである。

こうした日常の食事、その中でも特に「料理をすること」に対する関心が薄れる傾向が見られる一方で、外食への関心が高まり、クリスマスなどのイベントに伴う食事などは重視されるようになった。「料理をすること」と「食べること」は本来ひとつながりの行為である。しかし、それが分離し、分業が可能になった社会では、何を食べよう、どこで食べよう、誰と食べようという「食べること」への関心が優先され、肥大化していった。いわゆる「コト消費」としての食が増大していくことになったのである。

食の評論家であった岸《きし》朝《あさ》子《こ》は、「私たちは食べものをいったいどこで食べているのか」、という興味深い問いを立て、この変化をわかりやすい比喩で説明している。[*26] つまり、戦前期と戦後すぐの時代はとにかく空腹を満たすために「胃袋」で食べ、次に戦後になって美味しさを味わう余裕が出てくると「舌」で食べ、さらに見た目の美しさや珍しさを「目」で食べ、そして最後に食べものの成分や機能や栄養などを理解し、選別しながら「頭」で食べる時代へと移り変わってきたという。おそらく「舌」で食べるようになった頃が、料理を軽視しつつ、食べることへの関心が高まる時期と一致するのではないかと考えられる。

また、次章で詳述するが、一九八〇年代～一九九〇年代は飲食をテーマとしたグルメ・食漫画が多数誕生した時代でもある。一九八三年に連載が開始された雁《かり》屋《や》哲《てつ》原作、花《はな》咲《さき》アキラ作画による『美味しんぼ』（ビッグコミックスピリッツ）、一九八五年にはうえやまとちによる『クッキングパパ』（モーニング）と、剣《つるぎ》名《な》舞《まい》原作、加《か》藤《とう》唯《ただ》史《し》作画による『ザ・シェフ』（週刊漫画ゴラク）の連載が始まっている。一九八八年からは尾《お》瀬《ぜ》あきらによる『夏子の酒』（モーニング）が連載され、一九九四年にはテレビドラマ化された。

これらのグルメ・食漫画が掲載されたのは、いずれも成年男性を読者に擁《よう》する雑誌であったことが注目される。これは、この時期には主に、男性たちが「グルメ」（食通）として、食を重視し、楽しみ始めた証左でもあるのだろう。食を取り巻く状況は男性と女性の意識と現実の乖離を内包しつつ、刻一刻と変化していった。

個化する家庭の食

とはいえ、家庭の中で料理がされなくなったわけではない。「健康のためにいろいろな栄養を摂るように留意しているから」、「栄養バランスを考えているから」「なるべく一日三〇品目を目標としているから」という回答とともに、まるで食材を栄養と機能で記号化して捉えたような「飼料配合型メニュー」が頻出するようになることも、この世代の特徴である。

「一日三〇品目」というのは、一九八五年に厚生省（現・厚生労働省）が策定した「健康づくりのための食生活指針」で示された数値目標である。このような外部から求められる指針や指標を参照して、食への認識が書き換えられていく場合もあった。ちなみに、二〇〇〇年の改定で「一日三〇品目」は削除されているが、様々なものを食べなければと考える傾向は、その後の食卓にも影響を与えているといえる。

そして、岩村は膨大なデータを分析する中で家族が「個化」していることを発見する。実態としては、もはや「家族」というまとまり自体もそれほど重要ではなくなり、味や食を通して「家庭」を愛着のある場所として認知することもなくなっていく。

例えばある家族の休日の昼食は、冷麦《ひやむぎ》、ピザトースト、ちくわ、ハム、オムレツ、ブロッコリー、プチトマト、そして麦茶やミルクなどいろいろな食べもの、飲みもの、そしてケチャップやマヨネーズなどの調味料がテーブルに並べられ、「お好みのものを、お好みの味付けで、お好きなだけどうぞ」というスタイルになっていた。献立という概念も意味をなさず、同じ献立をみんな一緒に食べるような食卓は珍しいものになっているのだという。また、毎朝家族そろって同じものを食べている家庭は一〇〇世帯中、一世帯のみであった。ほかは全て、食べているものも、食べている時間もバラバラである。

このようなパーソナル対応の食卓風景は決して珍しいものではなく、今やどこの家庭にも見られる。クリスマスケーキ、お雑煮なども、家族それぞれが好みを譲り合って同じものを食べたいとは思っていない。こうした状況の中では個々の好みに対応できるインスタント食品がますます重宝され、味が形成する時空自体も個化し、極めて個人的で限定的なものになっていくようにみえる。

第三章でみたように、一九八〇年代は、「ふるさとの味」が再発見され、次世代へ受け継ぐための調理リテラシーが「地域の知（ローカル・ナレッジ）」として発掘、再編、発信されるようになった時代であった。これは日常の中に価値を見出し、トポフィリア（場所愛）を培《つちか》っていこうという、ある種の社会運動でもあったといえる。

しかし、〈食ＤＲＩＶＥ〉調査が浮き彫りにしたのは、一九九〇年代における、少なくとも首都圏をはじめとした都市部では、空間はあったとしても、食や味を通じて愛着を深めながら生活することができた「場所」を実感する機会は相対的に少なくなっているということであった。

食事が家庭の内部へと閉じていったこともその要因の一つであると考えられる。家庭は商品としての食料品などを通じて、発展を続ける食産業と直接的につながることが一般的となり、食や味からある特定の空間を認知し、場所への愛着を育てること自体が困難になったからである。

低下する日常における食の価値

高度経済成長は一九七三年の第一次オイル・ショックまで続き、この間、政府が掲げた「所得倍増計画」は民間経済の急速な成長にも後押しされ、ほぼ達成されたといわれる。そして、一九七〇年代半ばから一九八五年前後までは安定成長期が続いた。[*27] 土から離れる人びとが増大し、食べものを生産せず、専《もっぱ》ら消費する人びとが増えたのも高度経済成長期という時代の特徴であった。**図版4―8**は全国の産業別就業者人口の推移を示したものである。

第一次産業（農林水産業）に従事する人数は一九五〇年代に第三次産業を下回り、一九六〇年代に第二次産業を下回り、減少の一途を辿っている。〈食ＤＲＩＶＥ〉調査で「食」を軽視する傾向にあると特徴づけられた女性たちは一九六〇年代生まれであった。ということは、彼女たちの食に対する態度や価値観は、日本の産業において第一次産業が縮小し、第一次産業の従事者が著しく減少している時代の雰囲気全体を体現したものであるともいえるのである。食を軽視するようになっていくのは主婦に限らず、社会全体の傾向であった。

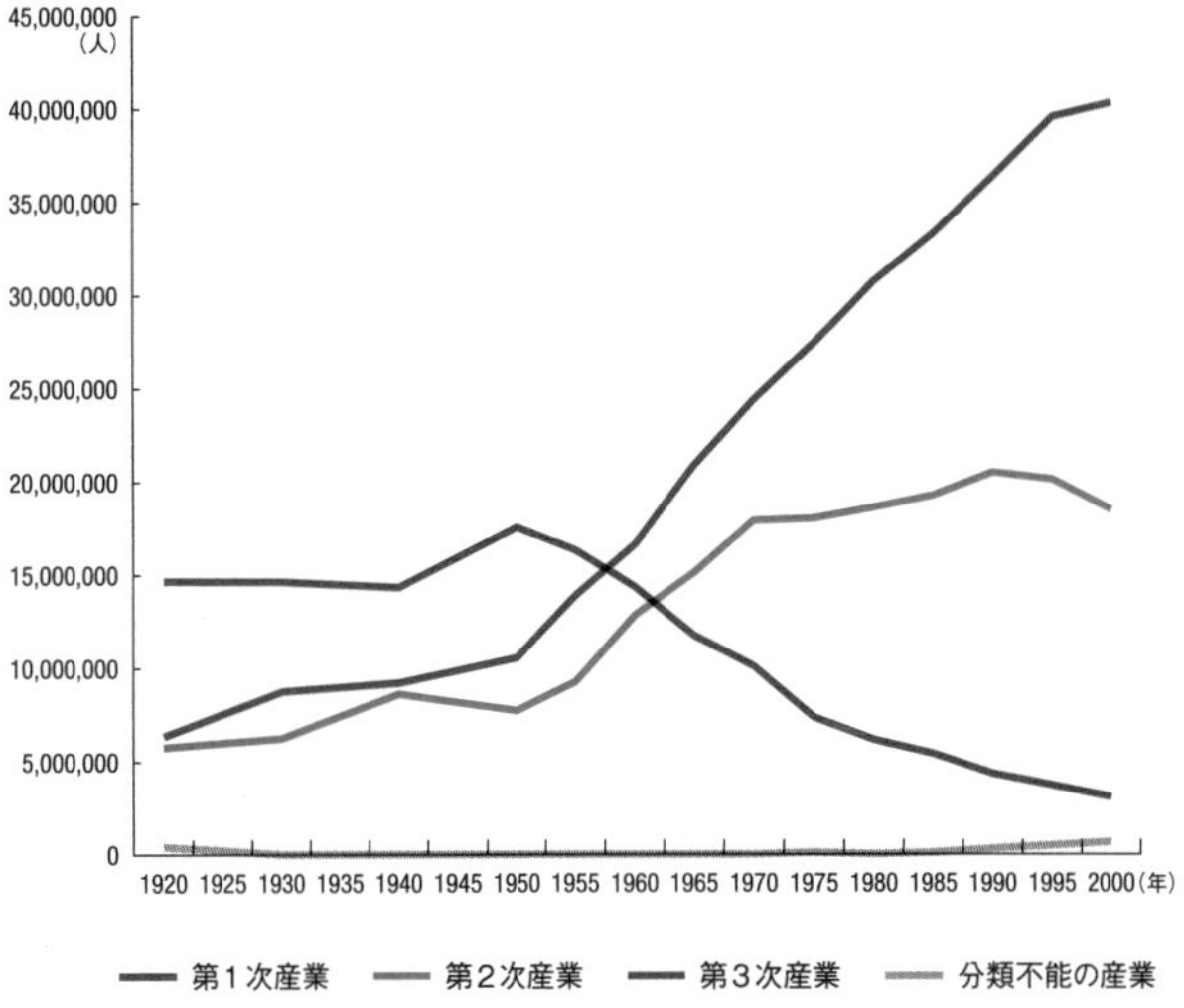

図版4-8　産業別就業者人口の推移

※資料：総務省統計局資料より作成

例えば、ＮＨＫ放送世論調査所が一九八一年に実施した日本人の食生活に関する調査では、食べものに対する「ありがたさの感覚」が次第に薄らいできていることが指摘されている。食べものが豊富にある時代になると、一日の糧を得られたことを神に感謝するとか、食料をつくっている人の苦労に想いを馳せるという感情は、ほとんど消滅してしまったとも解説されている。[*28]

国勢調査によれば、食べものを生産する人びとが含まれる第一次産業従事者の割合は、一九八〇年には約六一〇万人であり、全体（約五五八一万人）の約一割になっていた。つまり、一〇人中九人は、農林水産業以外の産業に従事していたことになる。特に若い人びとの暮らしは土から離れるばかりであり、日常生活のなかでは、どのように食べものが生産され、自分たちの胃袋に届くのかを想像しにくい世の中になっていった。また、そうしたことに気を配らなくとも、スーパーマーケットへ行けば、お金と交換して食べものを手に入れることができるようになった。

もう一つこの時期の特徴として、前出のNHKの世論調査の中で注目しておきたいデータがある。「家計の面で、今後充実させたいもの」をたずねると、全体としては、住まいが二五％、子どもの教育が一九％、レジャー・娯楽一四％と並んで食べもの一四％となっている。ただし、これもまた年齢差が顕著である。一位にあがっているものは、二〇代前半までは「レジャー・娯楽」、後半は「住まい」となる。子どもの養育にあたる三〇代から四〇代前半までは「子どもの教育」への関心が高い。これは、それぞれの年齢層が持っている生活関心、生活課題の表れともいえるが、食生活についてはほとんど差がなく、日常生活に不可欠な要素であるとしても、もはや生活の第一の関心、最大の課題とはみなされてはいないことがわかる。この結果は、生活において他の項目よりも食が軽視される傾向にあるという点で〈食

DRIVE〉調査とも符合している。

5 神話としての「おふくろの味」——ジャガイモをめぐる幻想

モザイク状の時空——ポテトサラダ問題再考

食を軽視する傾向は、日常生活をめぐる事象にとどまらない。歴史学者でもあり、地理学者でもあるフェルナン・ブローデルは、学術分野でも長らく「食」に関わる事象を含め、実際には社会や経済の根幹を支えている膨大な物質世界、すなわち「日常生活」の構造が等閑視されてきたことを問題提起している。[*29]

この問題提起が翻訳されて日本に紹介されたのは、一九八五年のことである。とはいえ、それからも状況はあまり変わらず、本書の冒頭で述べたように、世界をどのように認知し、把握し得るのか、その方法として主観を伴う食や味を研究対象とすることは、適切ではないと考えられてきた。それは、遠からずフェルナン・ブローデルがいうような学術研究上の視野の狭さや方法論的な限界とも関連し、研究者自身も、味や食が世界を描くことにつながり得るという発想や感覚を持ち合わせていなかったことに起因しているのかもしれない。

こうした研究動向に対して、最近では、経済社会を担う人びとの胃袋を満たすための食事や、それをつくる人の存在が長らく不問にされてきたことが、カトリーン・マルサルの著書『アダム・スミスの夕食を作ったのは誰か?――これからの経済と女性の話』などを通じて明らかにされ[*30]、話題となっている。経済学の父と呼ばれるアダム・スミス自身の日常生活は、実際には母親という「女性の手」と、彼女によって調えられた日々の「食事」によって支えられていた。それは、アダム・スミス自身が主張していた「利己心」だけで説明しうる事象だろうかと、マルサルは問いかける。

日々生きるために食事をし、それは誰かの手によって調えられているということは、言われてみれば至極当然のことではある。ここで重要なのは、実際に見えない「神の手」とは違って、「女性の手」や日々の「食事」が実際には存在しているにもかかわらず、経済学そのものから「見えざるもの」にされてきたという事実である。

この印象的なメッセージは、現代社会の中で「経済」という営みだと私たちが想定している世界の狭さと奥ゆきの無さに対する再考を迫っているように思われる。そう考えると、食を軽視する時空を形成してきたのは一九九〇年代の主婦たちなのではなく、むしろ主婦たちにそれを全面的に依拠して顧みようとしてこなかった社会全体の風潮だったのだという気がしてくる。

食をめぐる時空の形成やその変化は、女性の生き方の変化や価値観に左右されていると考えられがちであるが、おそらくそれは一因に過ぎない。むしろ、食をめぐる時空はジェンダーの問題を孕《はら》みつつ、全ての人びとの価値観が作用しながら複雑な様相を呈しているのだといえるのである。例えば、まだ記憶に新しい次のような出来事について考えてみよう。

二〇二〇年七月のある日、「ポテトサラダ」をめぐるやり取りがSNS上で話題になった。買い物をする若い母親に向かって、見ず知らずの高齢男性が「母親なら、ポテトサラダぐらい作ったらどうだ」と言って去っていった。発言を受けてうつむく母親の姿を目撃した別の女性がツイッター上にそれを報告したところ、数日で一〇万ツイート以上の大きな反響に拡大したのだという。

事の真偽を問うツイートもあったが、やり取りの真偽の如何にかかわらず、この出来事を報告したツイートに多くの人が反応し、何らかの意見を表明したということ自体は、疑いようのない事実であった。「ポテトサラダぐらい……」という発言の是非をここでは問うことはしないが、少なくとも、この高齢男性が見ている世界と、ポテトサラダを買おうとした女性やこの女性に共感した人たちが見ている世界との間には、大きな乖離があり、その乖離がポテトサラダをめぐる多くの反応として表出したのだと説明することができる。

この「ポテサラ論争」は各所で取り上げられたが、女性誌ウェブメディアのエッセオンラインでは「日本の母親は家事をやりすぎ？　『ポテトサラダ論争』が明らかにした古い価値観」というタイトルを掲げ、世代間や男女間で家事や育児についての意識が大きく異なる現状を論じている。[*31] 記事の中で、女性の家事労働を研究し、『ワンオペ育児——わかってほしい休めない日常』[*32]の著者でもある藤田結子《ふじたゆいこ》はこの論争にコメントを寄せ、「家事や育児は妻、母がメインで、かつ全力で取り組むべきという認識でいる人は、いまだ多く存在しています。これは戦後の日本特有の価値観ともいえるもの。家に帰れば専業主婦、または子育て優先で働いているお母さんがなんでもやってくれるという環境下で根づきました。ですが、それでうまくいっていた時代はすでに終わっています」と述べ、男性のみならず、女性自身も古い価値観から抜け出す必要があると付け加えている。

「お母さんがなんでもやってくれる」というのは、欠点の無い「全《まった》き人間としての母」という幻想であることをここで思い出しておきたい。しかし現実を生きる女性たちは、そして男性たちももちろん、全き人間になることなど到底できないのである。

俯瞰してみれば、世界には、年代、ジェンダー、国や民族、あるいはそれらに根差す文化などによって形成された様々な価値観がモザイク状に存在している。時にその価値観が衝突し、葛藤やわだかまりが生じることがある。このポテトサラダをめぐる出来事は、まさにそうした価値観の衝突にほかならなかった。目を凝らしてみると、藤田が指摘しているように、うつむいた女性自身も古い価値観と自らによって選び取ろうとしてきた新しい価値観との間で揺れ、葛藤があったのかもしれない。

少し大げさかもしれないが、このポテサラ論争は、私たちは「自分は今、どのような時空を生きているのか」を自覚すると同時に、「他者は今、どのような時空を生きているのか」を想像する必要があることを伝えている。そして、両者の間には当然ながら違いがあるということを認め合う必要があるのだということに、あらためて気づかされる出来事であった。

物語が創り出す認識と空間——肉じゃが神話

食をめぐって形成される時空の複雑さを明らかにしようとする際、『日常的実践のポイエティーク』の著者、ミシェル・ド・セルトーが提起する、「空間は人間が創る物語と関わる舞台である」という考え方が参考になる。[*33] 同書では、バラバラの要素を寄せ集め、一枚の表を作り出す舞台を「地図」と定義している。これは、日常生活の中に散在する様々な物語を組み合わせて、ある世界を認識することと言い換えることができる。

ここでいう空間は、目の前にある空間に限らない。例えば神話によって創始し、分節化される想像上の空間をも含んでいる。セルトーが言うには、私たちの世界から物語が消えてしまうと、「集団も個人も、雑然として形のさだかでない闇につつまれた全体のなかで生きるという、不安で希望のない経験を味わわなければならない」。

だから私たちは物語や神話を生み出すことを通して、自らが生きる世界を肯定的に受け入れようとしたり、納得しようとしたりするのである。人間は夢を通して、あるいは実際の知覚を通してある環境世界と関わるため、そうした「空間経験」の数だけ、様々な空間が存在している。「物語は空間を創生するもの」なのだとセルトーは解釈する。

これを「おふくろの味」におきかえて考えてみよう。これまでみてきたように、「おふくろの味」が幻想であっても、実際の味覚を通しての経験であっても、私たちは各々、その経験から認知して描き出した独自の世界を持っている。そう考えると、「おふくろの味」という言葉に対峙《たいじ》した時に、人によってその受け取り方や思い浮かべるイメージに差があるのは当然であるということになる。実体を伴わないイメージとしての「おふくろの味」は、いわば一つの物語、あるいは神話、さらにいえば「幻想」と考えることができるかもしれない。

「おふくろの味」について、まことしやかに語られている神話といえば、「肉じゃが」が「おふくろの味」の代表格であるという言説が思い浮かぶ。そこで、以下では「肉じゃが神話」はいつから、どのように生まれたのかを考えてみたい。

料理家であり、食文化研究家でもある魚柄仁之助《うおつかじんのすけ》は、「肉じゃがって、どこか懐かしいっていうか、おふくろの味的なお料理ですね」というようなコメントが料理本やメディアで登場するのは、一九八〇年代であったと指摘する。[*34] 膨大な料理記事のデータベースの中で「肉じゃが」の初出を探すと、最も古い記載は一九五〇年刊行の婦人雑誌『主婦と生活』一月号であった。しかし、これは家庭でつくるレシピではなく、食糧配給制度下での外食券食堂のメニューとしての登場であった。

レシピとして確認できるのは、一九六四年のＮＨＫ『きょうの料理』のテキストの中が最初である。婦人雑誌を通じて紹介されるのは、さらにその一〇年後で、この間、料理本で「肉じゃが」という料理名は使われていない。一般的に使われるようになったのは、今から約五〇年前の一九七五年頃だというから、実は「肉じゃが」の歴史はそれほど古いわけではないことがわかる。もとは家庭の料理というよりも、居酒屋の一品として始まった料理であったらしい。

ところが、一九八〇年代になると、肉じゃがは急に「おふくろの味」、「懐かしい家庭の惣菜」などと紹介され始め、多くの日本人がこの料理名を「家庭」と結びつけて認識するようになった。魚柄仁之助は「たった五年から十年くらいで急に懐かしの味になるというのもおかしな話」と述べている。

このような「肉じゃが」のイメージに懐かしさや家庭的という物語を介在させて、「おふくろの味」という世界観や価値観を推し進めたのは、女性向けの本やテレビ番組などのメディアであった。主婦向け雑誌は「だんなさまの好きないなか料理」と紹介し[*35]、二〇代前半の女性向けの雑誌は「結婚できると評判になった」料理教室の紹介とともに、「和食の基本」というカテゴリーの中で「男性から高い人気を誇る肉じゃが」は「家庭的な献立」になると説明している[*36]。

肉じゃがの歴史はそれほど古いわけではないにもかかわらず、懐かしさや親しみや郷愁を織り交ぜて、男性の情緒に訴えかける味という物語によって、「肉じゃがはおふくろの味の代表格である」という認識や世界観が一九八〇年以降、急速に形成されてきたのである。これは、第二章で述べたふるさとへの郷愁に伴うトポフィリア（場所愛）や、第三章で述べた「没場所性」への抵抗とはまた異なる次元の「おふくろの味」の誕生であった。もはや具体的な場所がイメージされることはなく、「家庭的である」、「結婚できる」という個人への評価や自己認識の領域へと、「おふくろの味」は移行していくことになったのである。

例えば一九九六年に刊行された『わたしと彼の　大好き！おふくろの味』[*37]の表紙は全面に大きく肉じゃがの写真が掲載されている。ページをめくって最初の章は「おふくろの味といえばやっぱり煮もの」というコピーから始まる。さらに、説明は次のように続く。

おふくろの味の代表といえば、やっぱり煮もの。しょうゆの風味とほどよい甘さがとけ合ったその味は、いくつになっても懐かしい味として舌がちゃんと覚えていますよね。

そして、肉じゃがのレシピが掲載されているページには、次のようにある。

イタリアンやフレンチもいいけれど、ほんとうのところ、いちばん好きなのはおふくろの味。そんな男性が増えているそうです。なかでも人気なのが、肉じゃが。でも何も男の子だけじゃありませんよね、肉じゃがが好きなのは。

同書が刊行された一九九六年は、共働き世帯数が専業主婦世帯数を上回った年の直前である。女性は次々と外に働きに出るようになり、主婦を対象にした雑誌の人気は下がり始めていた。その一方で、この『わたしと彼の　大好き！おふくろの味』は、若い女性向けの雑誌『Ｒａｙ』のレシピノートとして刊行されている。同シリーズは「わたしと彼の」という、女性自身と男性の視線を意識した共通の枕詞を冠して、他に『パスタ！　パスタ！』『カレー&エスニック』『あつあつ鍋&煮込みとおかゆ』というタイトルが並ぶ。「おふくろの味」は一九九〇年代末には、様々な料理ジャンルの一つの選択肢として位置づけられるようになり、若い女性にとっては、男性にアピールするための、一つの道具や記号として捉えられるようにもなっていたのである。

『わたしと彼の　大好き！おふくろの味』の出版のきっかけとなった雑誌『Ｒａｙ』は、一九八八年に創刊された。私立の短大や大学へ通う女性たちをターゲットにして、「カワイイ系」のアパレル情報を中心とした誌面が特徴的である。二〇代前半の女性を対象にしたファッション雑誌はタイトルがいずれも赤色系であったことから「赤文字系雑誌」と呼ばれ、一九七五年に光文社が創刊した『JJ』、一九八三年に講談社が創刊した『ViVi』、一九八二年に小学館が創刊した『CanCam』などが同種の雑誌に含まれる。

興味深いのは、これらの雑誌は働く女性が増加の一途をたどる社会状況の中にあって、それとは違う路線、つまり、いずれは結婚によって母親と同じような専業主婦になることを目指す女性たちが読者の多くを占めていたということである。一方、男女雇用機会均等法が成立した一九八五年の後、働く女性の今に寄り添うというコンセプトで、イタリア語の「今日」を雑誌名に冠した小学館の『Oggi』が一九九二年に創刊している。

雑誌メディアは、就業し続けることを望む女性を新たな読者として見出していく一方で、ほどほどに働き、結婚した後、家庭で主婦としての役割を担いたいと考える女性たちの存在を見逃さず、読者層を区分するセグメント化を進めた。「赤文字系雑誌」は主に、その後者を読者として想定したものであった。それゆえに、「自分自身にそれだけで価値があり、田舎臭くもダサくもなく、自立して仕事を持ち、高等教育も受けていることと、理想の男性との出会いが最終目標であること、という二面性[*38]」は、赤文字系雑誌の読者からは、ごく自然に受け入れられていたのである。

『JJ』を卒業して働き始めた二〇代後半の女性たちをターゲットにする『CLASSY.』

で連載された「結婚できる和食教室」は好評を得て、二〇一六年に書籍として刊行された。[*39]タイトルでは「おふくろの味」とは謳ってはいないものの、表紙には「カレの胃袋をがっちり掴むレシピ教えます♡」、帯には「一生使える嫁入りレシピの決定版」という言葉が躍り、雑誌連載を始めてから、同料理教室に通っていた生徒の四五人が結婚したことがアピールされている。ここでは明確に、結婚するための道具として「おふくろの味」が捉えられている。[*40]

メディアが創り出す巧みな物語によって、私たちはしばしば自分の認識や価値観を描き換えたり補強したりしながら、新しい時空を生きるようになる。二一世紀における「おふくろの味」は、メディアによって再発見され、新しい意味を与えられて、トポフィリア（場所愛）でも、家族への愛着でもなく、今や、極めて個人的な自己形成や自己愛という局面と深く関わる物語へと結びつき始めている。「おふくろの味」は、時に人びとの自尊心に働きかけ、時に戦略的意味をまといながら、様々なメディアを通して私たちを攪乱《かくらん》させつつ、未だその影響力を失ってはいないのである。それはいったいなぜなのか。次章では、その詳細を検討していくことにしよう。

＊1　瀬地山角『炎上CMでよみとくジェンダー論』光文社新書、二〇二〇年に依拠している。
＊2　この点については他にも、福永真弓「弁当と野いちご——あるいは『ほんもの』という食の倫理」『現代思想』五〇（二）、二〇二二年、一七四−一八七頁などがある。
＊3　今柊二『ファミリーレストラン——「外食」の近現代史』光文社新書、二〇一三年。
＊4　サントリー不易流行研究所編『時代の気分・世代の気分——〈私がえり〉の時代に』NHKブックス、一九九七年。
＊5　湯沢雍彦『データで読む　平成期の家族問題——四半世紀で昭和とどう変わったか』朝日新聞出版、二〇一四年。
＊6　松原隆一郎は「消費」という視点でこの点を論じている。松原隆一郎『消費資本主義のゆくえ——コンビニから見た日本経済』ちくま新書、二〇〇〇年。
＊7　平成三年版厚生労働白書　第一章「第3節　家族・職場・地域社会等との関係の変化」(mhlw.go.jp)
＊8　村瀬敬子『冷たいおいしさの誕生——日本冷蔵庫100年』論創社、二〇〇五年。
＊9　奥村彪生「まんが『サザエさん』に見る食生活の戦後史（2）」『食生活研究』二二（六）、二〇〇二年、一四−二五頁。
＊10　表真美『食卓と家族——家族団らんの歴史的変遷』世界思想社、二〇一〇年、一四二−一四三頁。原資料は『昭和五三年度版国民栄養の現状——昭和五〇年国民栄養調査成績』厚生省、一九七八年。
＊11　NHK放送世論調査所編『日本人の食生活』日本放送出版協会。
＊12　同前。

＊13　大野雅子「欠如としての『母』、幻想としての『おふくろの味』――近代日本における『母』の構築」『帝京大学　学修・研究支援センター論集』（一〇）、二〇一九年、四三－五八頁。
＊14　以下の引用は澤宮優『集団就職――高度経済成長を支えた金の卵たち』弦書房、二〇一七年による。括弧内は筆者による補足。
＊15　同前。
＊16　同前。
＊17　速水健朗『ラーメンと愛国』講談社現代新書、二〇一一年。
＊18　ジョージ・ソルト著、野下祥子訳『ラーメンの語られざる歴史』国書刊行会、二〇一五年。
＊19　日清食品ホームページ（二〇二一年三月一五日アクセス）。
＊20　「あなたの『おいしい記憶』をおしえてください。」コンテストホームページ。「〝おふくろの味〟の概念に関する一考察」髙橋　克典さん（東京都）：あなたの食にまつわる「おいしい記憶」をご応募ください。：読売新聞オンライン（yomiuri.co.jp）（二〇二一年三月九日アクセス）。
＊21　服部幸應・山本克夫選『川柳　おふくろの味』集英社、一九九六年。
＊22　「夫と妻の料理に関する意識調査」－象印調査シリーズ－象印（zojirushi.co.jp）
＊23　日本栄養士会公衆栄養推進栄養士協議会編『図解亭主の好きな全国おふくろの味――栄養士がすすめる郷土料理１４１』文園社、一九八八年。
＊24　岩村暢子『変わる家族　変わる食卓――真実に破壊されるマーケティング常識』中公文庫、二〇〇九年。
＊25　同前。

＊26　一般社団法人日本植物油協会ホームページ「植物油サロン」第七回「料理記者として半世紀。『おいしゅうございます』の感謝の心を忘れずに。」(二〇一八年九月二十六日アクセス)。
＊27　橘木俊詔『家計からみる日本経済』岩波新書、二〇〇四年。
＊28　同11。
＊29　フェルナン・ブローデル著、村上光彦訳『日常性の構造1　物質文明・経済・資本主義Ｉ－1』みすず書房、一九八五年。
＊30　カトリーン・マルサル著、高橋璃子訳『アダム・スミスの夕食を作ったのは誰か?——これからの経済と女性の話』河出書房新社、二〇二一年。
＊31　「日本の母親は家事をやりすぎ?·『ポテトサラダ論争』が明らかにした古い価値観」ESSEonline(エッセ オンライン)(esse-online.jp)、二〇二一年三月二九日記事。
＊32　藤田結子『ワンオペ育児——わかってほしい休めない日常』毎日新聞出版、二〇一七年。
＊33　ミシェル・ド・セルトー著、山田登世子訳『日常的実践のポイエティーク』ちくま学芸文庫、二〇二一年。
＊34　魚柄仁之助『国民食の履歴書——カレー、マヨネーズ、ソース、餃子、肉じゃが』青弓社、二〇二〇年。
＊35　『主婦の友』六月号付録「毎日の献立と料理の基礎」主婦の友社、一九七二年。
＊36　田中伶子『結婚できる和食教室』光文社、二〇一六年。
＊37　藤本静子編『わたしと彼の　大好き!おふくろの味』主婦の友社、一九九六年。
＊38　鈴木涼美『JJとその時代——女のコは雑誌に何を夢見たのか』光文社新書、二〇二一年。

＊39　同36。

＊40　『CLASSY.』を卒業した読者たちが次に読む、雑誌『VERY』と専業主婦像について論じた、石崎裕子「女性雑誌『VERY』にみる幸福な専業主婦像」『国立女性教育会館研究紀要』（八）、二〇〇四年、六一―七〇頁などもある。

第五章

メディアがおふくろの味を攪乱する

――「おふくろの味」という時空

1　一九七〇年代まで——「おふくろの味」のつくり方

第四章で、「おふくろの味」の影響力を考える際に、メディアの存在は見逃せないことがわかった。そこで本章では、太平洋戦争後から現在までを見渡しながら、第一章〜第四章で論じてきた様々な要因によって誕生し、定着してきた「おふくろの味」という概念に対して、メディアがいかに関わり、攪乱し、その意味を増幅させていったのかを明らかにしたい。

第一章で、国立国会図書館に所蔵されている書籍のうち、「おふくろの味」という言葉がタイトルに含まれている本をピックアップし、時代順の一覧表を作成してみると、大きく分けて四つの時代区分が見えてきた。すなわち、高度経済成長期の激動の渦中で新しい家庭や専業主婦が誕生した一九七〇年代まで、「ふるさと」や「おふくろ」というキーワードが地域や場所と関連づけて論じられ始めた一九八〇年代、女性たちの生き方や家族のあり方、食事の風景が大きく変化した一九九〇年代、そして新しい時代の幕開けを感じさせる二〇〇〇年代以降である。以下ではこの時代区分に沿って整理していこう（巻末の**付録**も参照）。

「おふくろの味」と料理本

「おふくろの味」が料理本の中に登場したのは、ようやく一九六〇年代に入ってからであったという事実は、あらためて注目される点である。最初に「おふくろの味」を冠した料理書籍を出版したのは、辻学園日本調理師学校（現・辻学園調理・製菓専門学校）の創立者として知られる辻《つじ》勲《いさお》で、その後、一九七〇年代、八〇年代と再版を重ね、ロングセラーとなった（図版5－1）。今、私の手元にある一九七二年に再版された同書を開くと、日本各地の海・山・里の風景、古い日本家屋の台所や囲炉裏などの写真に重ねるようにして、様々な料理が掲載されている。構成は「食材」ごとの分類で、ふ、干ぴょう、ゆば、干椎茸、こんにゃく、糸こんにゃく、そうめん……と続き、郷土で四季折々に手に入る食材を使った、季節の味わいが紹介されている。料理のレシピの合間に辻によるいくつかの随筆がはさまれており、その最初

図版5–1　辻勲『おふくろの味』
ひかりのくに、1972年

に「おふくろの味」という文章がある。少し長いが重要な論点がいくつも含まれているので全文を紹介しよう。[*1]

> おふくろの味とは、素朴な家庭の料理である。これは我々の美しい国土が生む山の幸、海の幸を使って先祖がおいしい食べ方を創り出し、それが祖母から母、母から娘へと伝えられてきた伝統の味である。長い間に日本風土の中で育ったものは、それなりのよさがあり、そうしたものは誰の心にもいこいとやすらぎを与えるもの。
>
> 〝おふくろの味〟とか〝ふるさとの味〟という言葉をキャッチフレーズにする店ができて、男性たちがお芋の煮っころがしなどを喜んで食べるという風潮は、食のインスタント化に対する抵抗であり、欲求不満の現れであるといえる。つまり食生活の洋風化、インスタント化によって家庭ではそのようなものが作られないことから来ているのである。おふくろが真心こめて作ってくれた数々の食物に対する郷愁がいつも心に残っているからであろう。
>
> おふくろの味とは、なつかしい料理、思い出の料理、おふくろの料理という意味で、その味は不安なとき、落ちつかない時、さびしいとき、悲しいときに食べると何となく

落ちつき、おふくろや小さいころを思い出して心が暖まり、なごむもの。

それではどうすれば〝おふくろの味〟を作ることができるかというと母親に教わるのが一番である。しかし、「衣服一代、家居二代、飲食三代」ということわざがあるように味の完成には三代かかるというのであるから、何も母親に教わった通りにしなくてはならないということはない。おそらいは、それぞれの家庭や家風や持ち味があり、魚介類や野菜類にしても時代の移り変わりがあっておふくろの時代と我々の時代とは違うので、おふくろから受けついだ味をそのままでは出せない。おふくろに教わったことを土台にして検討し、自分流の味に自信をもって愛情をこめて創造していくことが必要である。

料理本で「おふくろの味」という言葉を最初に発信した辻自身が当時の食をめぐる状況や社会の変化を広く認識したうえで、あえて意図的にこの言葉を提示したことが伝わってくる。急激に変化していく社会と食への「抵抗」として位置づけているのは、同書の重要な主張点である。

それと呼応するように「おふくろの味とは」に続く文章を読むと、日本の風土に培われた素朴な家庭料理であり、「母親」というだけでなく、「郷土」や「家庭」を連想させるものとして定義されている。また、単なる食べものや献立ではなく、不安や寂しさを和らげ、落ち着かせる作用がある味とも説明されている。これは近年、「コンフォートフード」（心地よい食べもの）という言葉で論じ始められている食の議論とも共鳴していて興味深い。[*2]

変化の中の継承

「おふくろの味」とは先祖から受け継ぎつつ、新たに創造していくものであるとし、読者に「自分流の味」の模索を促していることをふまえると、少なくともこの料理本の主張としては、「おふくろの味」とは、目まぐるしく変わる社会や食において地域や家庭の「持ち味」を変化させつつも継承していく姿勢そのものであると読める。

「おふくろの味」の提案者としては、もう一人重要な人物がいる。家庭料理の指南に定評があり、人気を博した土井勝《どいまさる》である。辻の本が出版されて七年後の一九六七年、土井勝・土井信子《のぶこ》による『おふくろの味』が創元社から出版された。同書は複数版を重ねただけでなく、一〇年後にはあらためて土井勝の単著として講談社から『おふくろの味』が出版され、こちらも版を重ねた。「おふくろの味」を冠した書籍の全体を見渡すと、土井勝の料理本の人気が、読者を通して「おふくろの味」という言葉やレシピ、イメージを広く普及させてきたことがわかる。それは前出の辻の本では「郷土」が強調されていたことに対して、土井の本では「家庭」がより強調されていたからだろう。土井がテレビや書籍で活躍し始めた時代は、ちょうど核家族が増加し、「主婦」が誕生した時期とも重なっている。そして、戦前期と違って、女中がいない家庭が一般的になっていた。こうした時代状況の中で、一家の胃袋を満たすための「家庭料理」というジャンルが、明治、大正期以上に広く受け入れられ、拡大した。

辻勲と土井勝、この二人の料理研究家によって、一九六〇年代に「おふくろの味」という言葉とイメージ、そしてレシピの基礎と土台がしっかりとつくられた。そのうえに、応用編として中国やフランスなど他国のおふくろの味、つまりは郷土料理、あるいは家庭料理が紹介されるようにもなった。

「おふくろの味」の規範化

社会学者の村瀬敬子《むらせけいこ》は、雑誌というメディアにおいて語られることによって立ち上がってくる社会的なカテゴリーとしての「郷土料理／郷土食」について、女性雑誌『主婦の友』の分析を通じて、次のような興味深い指摘をしている。[*3]

一九六〇年代半ば以降、「おふくろの味」が賞揚され、「おふくろの味」と郷土料理／郷土食は、長い間、伝承されてきたものだとされ、女性による伝承が規範化していった。

一九一六年に石川武美《いしかわたけよし》によって創業した「東京家政研究会」が翌年に創刊した『主婦の友』は、どちらかというと「都市的」な視点から「主婦」のあり方に言及する記事が多いことで知られている。そうした雑誌の記事において、おふくろの味は昔から続いている伝統であるという「継続性」が強調され、それを良いものとして価値づける「美化性」が一九六〇年代半ば以降、つまり高度経済成長期の幕開けとともに強調されるようになったと村瀬は指摘する。雑誌名からも察せられるように、それは主婦に向けた一種のメッセージであった。

高度経済成長期に新しい家庭を持った女性たちは、料理が思ったように上手くできないという問題に直面した。一九七二年に結婚した私の母もその経験者の一人である。これは彼女の個人的な事情というよりも、この世代特有のいくつかの事情が関係している。

一つ目は、結婚前に祖母から料理を教わることがなかったということである。これは、実体としての「おふくろの味」の直接的な継承はなされなかったことを意味している。祖母の世代にとって、戦前の「土間・台所」仕事を、戦後の「キッチン」仕事として修正しながら、しかも次々と登場する新しい料理を教えることは容易なことではなかった。

このことは料理に限らない。戦前の教育を受けた祖母は、戦後の新しい時代に教育を受け、新しい価値観や生き方を身につけた母に対して、何をどのように伝えていくべきかを迷うことが多かったという。母が結婚後に新しい家庭の台所でつくりたいと思っていたグラタンもシチューも、祖母はそのつくり方を娘に教えることができなかったし、急速に普及し始めた電子レンジや冷凍庫の使い方も母と同様、初心者であった。また、母も、自分の母親から彼女がつくっていた日々のお惣菜のつくり方を積極的には習おうとはしなかった。

二つ目は、結婚後に姑《しゅうとめ》から教わることもなかったということである。長男ではないため家業を継ぐことなく、父のようにサラリーマンになって、妻と子どもと暮らすいわゆる核家族は、戦後着実に増加した。こうした世帯は舅や姑と同居することはほとんどなく、家事を担当する女中が同居することもなくなっていった。

三つ目は、まさに母がそうであったように、この時代は結婚すると仕事を辞めて家事に専念する女性の割合が多かったことである。彼女たちは「専業主婦」と呼ばれるようになった。

そのため、一つ目、二つ目の理由で料理を教えてもらっていない状況であっても、毎日料理をするのは彼女一人に任されるという状態にならざるを得なかった。新しい家電製品が導入され、食材も急速に新しいものが普及していく状況の中で、新しい料理や献立が続々と登場し始め、それらを習得することも彼女たちの関心事になった。

一家の食事が全て自分一人に任されているという状況は、主婦たちの張り合いでもある一方で、悩みでもあった。[*4] 少なくとも、結婚したばかりの母にとっては大きな悩みであったらしい。そんな母を助けたのは、少し早く結婚した先輩主婦からのアドバイスと、彼女から結婚のお祝いとして贈られた料理の本であった。

母はまず、婦人之友社から刊行された『家庭料理の基礎』[*5] や『料理上手になる勉強――若い家庭のための家事シリーズ　第一巻』[*6] をたよりに、日々の食卓を調えていくことになる。書名はいずれも「地域」や「郷土」や「おふくろの味」ではなく、新しく誕生した「家庭」という場所を強調したものになっている。

これらの本を手にした人びとは「家庭」という場所をいかにつくるかを模索しつつ、それを楽しみ、夢中になり、そして時には、たった一人で取り組むことに戸惑うこともあった。

『家庭料理の基礎』の冒頭は、次のように始まる。

「料理を習いたい」という若い方々の大部分が、まず教えてほしいのは、フランス料理、中華料理、デコレーションケーキ等といわれます。ところがよく伺って見ると、これらの料理は教わるだけで、家では御飯を炊いたこともない、お芋一つ煮たこともない、ただ食べるだけの専門家なのにおどろくことがあります。

ほんとうにお料理の勉強を正しくしたいと思う人は、いろいろと変わった料理を数多く学ぶ前に毎日必要なみそ汁、清汁の作り方、煮ものをおいしくすることから始めるのが何よりのよい勉強の順序だと思います。

結婚するまで、日常では料理をほとんどしたことがない人が料理教室や本に料理を教えてもらいたいと希望している状況がわかる。かつ、その希望はフランス料理、中華料理、デコレーションケーキといった当時としては新しい料理であったというところが時代を反映しているようでもある。

同書は「家庭料理シリーズ」としてさらに「肉・たまご篇」「魚篇」「野菜篇」「乾物・とうふ篇」が刊行され、そこに「家庭の客料理」の上下巻が加わっている。下巻の末尾には次のようにある。

とくに嫁ぐ若い方々が、そば近くにおられないお母さまにききたいことをこの本から学んで頂きたい、又お母様方には、そばについてゆけない嫁ぐ人に、ご自身の代りにこれを役立てて頂けたらと思っております。

「母親から直接教えてもらえない」「娘に直接教えられない」という状況を想定して、母と娘の両方をサポートする役割を果たすというコンセプトで刊行された本であることが明記されている。戦前の「家」とは異なる新しい「家族」の時代が到来し、新しい家庭を切り盛りする女性たちは、まず本から料理を学んだということになる。以後、胃袋は「家族」、そして「主婦」が面倒をみるもの、という考え方が普及、定着していくことになった。専業主婦が誕生した時代には、それが彼女たちのアイデンティティの拠りどころともなっていた。

テレビが伝える家庭の味

ところで、この現象は別の見方をすれば、第四章でみたように、食事が限りなく家族というまとまりで「閉じていく」変化とも説明できる。高度経済成長期以降、家族以外の人びとと日常的に食事を共にする場面は少なくなっていった。住み込みの女中、自営業を手伝う丁稚《でっち》や職人、何らかの理由で居候し食客《しょっかく》となる人びとはこの時期を境に姿を消していった。国勢調査によれば、住み込みの使用人や同居人のように、非親族世帯に住んでいる単身者が総人口に占める割合は一九二〇（大正九）年に四・一五％であったものが、一九六〇（昭和三五）年には一・九二％、一九七〇年には〇・八一％、一九八〇年には〇・二一％へと減少した。[*7] 例えば、織物業地域では進学率の上昇とともに、中学校を卒業して住み込みで働く織り手がいなくなった。[*8] また、住み込みではないが、田植えや稲刈りを手伝う人足を頼んで昼食と夕食を賄っていた農家では、農業機械の導入とともに、そのような人集めと気遣いは必要なくなった。また、戦後しばらくは行商人が村々を回っては泊まっていくこともあったが、そのような販売形態も次第に見られなくなっていった。[*9]

「家族」というまとまりに閉じていく食卓に社会との接点があるとすれば、それはテレビによってもたらされた。テレビの画像は視聴者の消費欲望を強烈に刺激するという意味で、「テレビは耐久消費財としては、他と決定的にことなる商品である」と言ったのは松原隆一郎《まつばらりゅういちろう》である。[*10] 耐久消費財の中でもテレビがいち早く普及したことは、消費社会を推進していくためのインフラストラクチャー、あるいはエンジンであったといえるだろう。テレビは全国どこにでも画一的な情報を一斉に伝えるメディアであった。電子信号となって画面に映し出されるものは、効率的に、急速に、そして広範囲にわたって均質な情報として伝えられるようになった。

テレビの本放送が始まったのは、一九五三年のことである。「パパは何でも知っている」（一九五八）、「うちのママは世界一」（一九五九）、「奥様は魔女」（一九六六）など、アメリカのホームドラマが次々と放送され、そのライフスタイルや料理が多くの人びとを魅了し、アメリカへの憧れ、家庭への憧れを募らせた。それは家庭が消費の単位であることを認識させ、家庭が消費の主体として大きな意味を持ち始めるきっかけにもなった。

それに加えてテレビは、新しい価値との出会いを提供し、それへの憧れを浸透させるという意味で、本と並ぶ重要な料理の先生でもあった。料理番組は、一九五六年から日本テレビで始まった「奥様お料理メモ」を嚆矢《こうし》として、次々と新しい番組が登場した。先述したように、一九五七年にはＮＨＫ「きょうの料理」が始まっている。川村（二〇〇三）によれば、最初は「半歩先の憧れ」を伝える内容であったが、一〇年後の一九六七年には本格的な実用番組として「基礎の見直し」という方向性を打ち出した。一世帯平均人数が四人へと移行したことを受け、一九六五年には材料表示を五人前から四人前に修正していることも興味深い。[*11]

「きょうの料理」の講師として、「おふくろの味」と関連して際立った存在感を放つのは、先に紹介した土井勝であろう。一九六七年、土井勝・土井信子による『おふくろの味』が創元社から出版された。二〇年以上、「きょうの料理」の番組制作に関わった川村明子によれば、土井勝は生後六か月で父を亡くし、香川県の農村で、女手ひとつ、行商で、子どもたちを不自由なく育ててくれた母への敬愛と感謝の気持ちから「おふくろの味」という言葉を生み出したのだろうと述べている。[*12] 土井勝の息子であり、料理研究家として知られる土井善晴《よしはる》も近著において次のように述べている。[*13]

明治生まれの祖母が子育てをしたのは社会的に女性が活躍する以前のこと、十人を育て上げたこの母への思いから父は家庭の味のことを「おふくろの味」と呼びました。

土井勝の本では「家庭の味」と「おふくろの味」がほぼ同じ意味として使われ、こうした書籍やテレビ番組が「家庭料理」というジャンルの確立につながった。第三章、第四章で詳しく述べてきたように、土井勝がテレビや書籍で活躍し始めた時代は、ちょうど核家族が増加し、「主婦」が誕生した時期とも重なっている。こうした時代状況の中で、一家の胃袋を満たすための「家庭料理」というジャンルが、明治、大正期以上に広く受け入れられ、拡大したのだと思われる。

かくいう私の母も多大な影響を受けた一人で、料理をするときに何か困ると、家に一冊あった『土井勝・基本のおかず決定版』[*14]に頼っていた。付録の「合わせ調味料早見表」は常時冷蔵庫に貼ってあった。これは、講談社が一九七〇年代後半に出版した「婦人倶楽部ベスト料理シリーズ」に含まれる一冊である。

一九七二年に始まった辰巳浜子《たつみはまこ》による「台所入門」は、まるで姑が嫁を躾《しつけ》るような雰囲気が好評であったという。辰巳が台所から失われた母や姑の姿の合わせ鏡だとすれば、一九六九年から始まった「今月の味」を担当した柳原敏雄は、ブラウン管を通して失われつつある食の謂《いわ》れ、文化や歴史の世界を人びとに伝える役割を果たした。第二章で紹介した『味をたずねて』の著者でもある。

歌謡曲と人情ドラマと「おふくろの味」

こうした社会状況の中で、一九七〇年代以降は歌謡曲やドラマ、レシピや料理番組、婦人雑誌が「おふくろ」や「おふくろの味」という言葉を次々と発信していくようになる。この段階に至ると、「故郷」というだけでなく、「家庭」や「母親」との関連がより強くなっていくのである。それはなぜなのだろうか。

一九七〇年代は、高度経済成長期に離郷して都市で働いていた人びとの多くが結婚し、世帯を形成し、子育てを始めるライフステージに踏み出していた時期である。彼らは一九七六年に総合月刊誌『現代』で連載が始まった堺屋太一《さかいやたいち》の小説タイトルにちなんで、「団塊《だんかい》の世代」と名付けられた。

一九七一年、「おふくろ」という言葉を世間に広めるきっかけとなる歌謡曲がリリースされた。森進一《もりしんいち》が歌う歌謡曲「おふくろさん」（作詞：川内康範《かわうちこうはん》一九二〇〜二〇〇八）である。

おふくろさんよ　おふくろさん
空を見上げりゃ　空にある
雨が降る日は　傘になり
お前もいつかは　世の中の
傘になれよと　教えてくれた

あなたの　あなたの真実
忘れはしない

おふくろさんよ　おふくろさん
花を見つめりゃ　花にある
花のいのちは　短かいが
花のこころの　潔ぎよさ
強く生きよと　教えてくれた
あなたの　あなたの真実
忘れはしない

おふくろさんよ……

森進一自身が鹿児島からの集団就職列車に乗った一人であった。[*15]母子家庭で育った森は、中学を卒業すると鹿児島を離れ、大阪の寿司屋に就職した。森は母に仕送りするため、少しでも賃金の高いところを探し、一七回も転職したという。その後、歌手としてデビューし、「襟裳岬《えりもみさき》」や、この「おふくろさん」などの曲を通して歌手としての名声を得た。

同曲は一九七一年の第一三回日本レコード大賞最優秀歌唱賞を受賞している。この曲がヒットしたことにより、タイトルはもちろん、歌詞の中で繰り返される「おふくろさん」という言葉が、ラジオやテレビというメディアを通して、日本全国津々浦々に広がり、一般の人びとの意識に浸透していくことになった。それ以前には、文筆家の随筆や料理本の読者が認識するに限られていた言葉が拡散し、離れて暮らす「母親」というイメージが定着していったのである。それによって、それまでは「ふるさとの味」や「郷土の味」と表現していたものに対し、「おふくろの味」と言い換えても、そのイメージやニュアンスが伝わるようになったのだと考えられる。

望郷文化としての「おふくろの味」

この曲が発表される一年前の一九七〇年、次いで一九七二年には橋田壽賀子《はしだすがこ》脚本ドラマ「おふくろの味」（日本テレビ、グランド劇場）が森光子《もりみつこ》、吉永小百合《よしながさゆり》などの出演によってテレビ放映された。一九七〇年に放映された第一シリーズの舞台は、東京都両国のちゃんこ料理屋である。「家族」や「女性」のドラマを得意とする橋田による脚本ならではの内容で、こうしたドラマや演出が新たな「おふくろの味」イメージの発信主体となっていった。

『故郷喪失の時代』の著者、小林敏明《こばやしとしあき》によれば、「おふくろさん」などの望郷歌謡曲の流れは、一九七〇年前後からロック、フォーク、グループ・サウンズなどの登場によって影を薄めていくが、懐かしさの感情とそれを担った共同感情、それ自体は簡単に消失することはなかった。[*16] 集団就職全盛期に比べて人口移動が漸減《ぜんげん》したにもかかわらず、「望郷」というモチーフは抽象化され、普遍化され、再加工されて、その後も人びとの共感の拠りどころであり続けたのである。具体的で、個人的な望郷の想いは、団塊の世代に共有される「望郷文化」へと集約された後に、抽象化されていったということもできるだろう。

翻って今、あらためて「おふくろの味」から連想されるイメージを挙げてみると、どんな言葉が並ぶだろうか。「人情」「家庭」「嫁と姑」「懐かしの」「あったかい」「ぬくもり」「ふるさと」「郷土料理」「お惣菜」「季節」「和風」「割烹着」「和服」「伝統」「伝承」「手づくり」……。一九七〇年代の時代状況をふまえると、こうした言葉やイメージは実体というよりもむしろ、この時期の社会情勢とも相まって、各種メディアが「望郷文化」の一つとして新たに創り出してきた世界であったといえるのではないだろうか。

2　一九八〇年代――百花繚乱の食の楽しみと苦しみ

百花繚乱の料理メディア

一九八〇年代に入ると、出版業界の興隆とも相まって、料理書籍や雑誌、漫画などを通して、次々と新しい食の情報が伝えられ、私たちが食を通して描き得る世界観も多種多様に展開していった。生活史研究家である阿古真理《あこまり》は『うちのご飯の60年――祖母・母・娘の食卓』[*17]『昭和の洋食　平成のカフェ飯――家庭料理の80年』[*18]『小林カツ代と栗原はるみ――料理研究家とその時代』[*19]などを通して、この時代の変化の局面を詳細に描いている。これらの本を読んでみると、あらためて、一九八〇年代以降のメディアからの料理や食に関する情報の発信が、百花繚乱、多種多様、そして時に混迷を極めていたことがわかる。

私自身は一九七四年生まれで、小学生の頃からの自称「料理オタク」であったため、一九八〇年代以降の食をめぐる変化は様々に記憶している。叔母はまだ小学生だった私たち三姉妹それぞれに一冊ずつ持たせるため、一九八〇年に鎌倉書房から出版された『赤毛のアンの手作り絵本』（Ⅰ～Ⅲ巻）をプレゼントしてくれ、私は飽きずにそれを眺めては、異国の料理や生活に憧れた。一九八五年にスーパーマーケット「ダイエー」が創刊した料理情報誌『オレンジページ』は、小学生の自分の小遣いで買える料理本が出たことに驚き、創刊当初から購入し、スクラップブックを作っていた。家では大阪出身の母が頼りにしていた、大阪の女性小林カツ代の料理本が何冊もあり、私もそれに親しんだ。一方、少し改まった料理をするときや、春のタケノコや蕗《ふき》、秋の栗ご飯など、季節の味覚を活かした料理をつくりたい時などは先述した、『土井勝・基本のおかず決定版〈婦人倶楽部ベスト料理シリーズ〉』のページをめくったものである。

一九八〇年代当時はまだ小中学生だったため、社会全体の変化と結びつけてこうした食情報の意義を理解してはいなかったが、次々と提案される、新しいメニューや料理方法、調味料や食器に対しては物珍しさや楽しみを、その目まぐるしさには驚きを感じたことを覚えている。料理や食に興味があったがゆえに、無自覚にこの時代の百花繚乱の料理メディアの渦に飲み込まれていたということなのだろう。

今、あらためてこの時代を俯瞰してみると、都市への人口流出が止まらない農山漁村では、「ふるさとの味」が再発見され、都市では専業主婦たちが腕をふるう「ホームパーティ」が流行し、外食の機会が増え、家族の食卓は食の軽視と重視の双方からの影響を受け、「食」の風景は混迷を極め始めていた。「おふくろの味」というキーワード一つをとっても、メディアはその発信の仕方、価値づけ、意味づけなどをバラエティ豊かに、言い方を変えれば人びとの価値観を攪乱するように展開していた。そして、情報が豊富になればなるほど、いろいろな料理を、手を替え、品を替えてつくる楽しみと苦しみが増え、献立を立てること自体が複雑になっていったのである。

ある女性の蔵書からみる料理習得チャネルの多元化

第三章で論じてきた長野県の調査をしている時に、県内に暮らす義母が所蔵していた料理関連書籍やノートを見せてもらう機会があり、気がついたことがある（図版5−2）。それは、個人にとって料理やレシピの習得は限られた経路に依拠しているわけではなく、様々なチャネルから同時に吸収されていたということである。

この蔵書をみると、あらためて、一人の人間が複数の組織に属し、役割を期待され、様々な情報源と関わりながら日々を生きていることが実感される。それは例えば、「おふくろの味」とは何か、その継承の意味はどこにあるのか、ということに関してもいくつかの情報源があることを意味している。実際には、こうした重層的な情報や社会との関わり合いの中で取捨選択し、本人なりの解釈を持つに至る。つまり、農村に暮らしてきたとはいえ、そこでの取り組みだけが、日々の食卓に影響を及ぼしているわけではないのである。

蔵書はおおよそ四つに分類された。すなわち①生活改善グループや農業改良普及所の刊行物やプリント、②家の光社による刊行物、③一般の料理関連書籍、④自作のノートやメモである。蔵書としては残っていないが、おそらくテレビの料理番組や雑誌、新聞の料理欄などもチャネルに加わっていただろう。

例えば、調味料のシミの多さやページの傷み具合から、一番使い込まれたように思われる料理本をみてみよう。タイトルは『材料別毎日のおかず百科　別冊・主婦と生活デラックス版』で、主婦と生活社から一九八二年に出版されたものであった。第三章で触れた、長野県で味を文化財にする取り組みが提案された時と、ほ

図版 5–2　義母の蔵書レシピ（著者撮影）

ぼ同じ時期である。

つまり、高度経済成長期を家庭の主婦として生きた義母の人生という視点からみれば、一九八〇年代初頭に、少なくとも彼女は生活改善グループの影響による「ふるさとの味」への関心が高まる地域に暮らしつつ、その活動にも参加し、その一方で、テレビや雑誌、書籍などの一般メディアからの複数の情報を同時に受容していたことになるのである。

一般メディアとしての料理関連書籍で強調されているのは、地域に根差した食材や料理ではなく、特売の品や入手可能な様々な材料の組み合わせ方、健康管理に役立つカロリー表示、誰にでも好まれるポピュラーな料理の習得であった。タイトルに「百科」と謳うだけあって、材料の多種多様さには目を見張る。そしてその豊富な材料の背景には、一九七〇年代に進んだ農産物の産地形成や流通網、小売業の整備と大規模化の進行が垣間見える。

また、『たれ　ソース　ドレッシング&煮汁』という本は、和洋中合わせてなんと四二五種類の味付けが紹介されている。今読み返してみると、こんなに種類はいらないだろうと思ってしまうのだが、和洋中様々に、多くの味と食事で食卓を賑わすことに豊かさを見出そうとした時代そのものが映し出されているようにみえる。

加えて、これらの料理本には「家庭」という言葉が頻出する。例えば『材料別毎日のおか

ず百科　別冊・主婦と生活デラックス版』は、「家庭でよく作るおかず」と「材料別毎日のおかず」から構成されている。「家庭の食卓には、なにげない料理ですがたびたび出される〝おなじみのおかず〟がいくつかあります」という説明もある。要するに、同書では、地域や場所性への関心というよりも、料理は「家庭」のものであり、その担い手は主婦であることが暗に示されているといえるのである。全国に読者を持つ、主婦と生活社によって出版された料理本であることを考えれば納得のいくところである。

しかし、だからこそと言うべきか、一般メディアとしての料理関連書籍が全国各地の「主婦」を読者として、「家庭」を強調してメッセージを届けるようになった動向に、あらためて注目する必要があるように思われる。旬や地域に制約されて限られた食材が地域のレシピで料理されていた時代から、生産、流通技術の発達によって入手可能になった百花繚乱の素材に、家庭の主婦が一人で向き合う時代へと変わりつつあった。そうした主婦たちが頼るもの、それが料理関連書籍や料理番組といったメディアにほかならなかったのである。

『美味しんぼ』における「おふくろの味」をめぐって

こうした状況の中で料理の種類が増え、和食と洋食の区別の他に、和食の中でも割烹や寿司などと、素朴な家庭料理のジャンルを区別する必要が生じてきた。そのため、この時代は「おふくろの味」という言葉が料理ジャンルの一種として誕生したともいえるだろう。

次々と現れる新しい料理の習得、複雑な献立つくりに追われながら、「おふくろの味」という新ジャンルの習得をも求められるという状況は、漫画『美味しんぼ』九巻八話「新妻の手料理」として描かれている。この漫画（雁屋哲原作・花咲アキラ作画）は、一九八三年から小学館の『ビッグコミックスピリッツ』で連載が始まった。主に男性が読む、男性目線のストーリー展開ではあるが、新妻が作る料理の内容が興味深いので紹介したい（図版5-3）。

結婚して三か月の女性が手料理に時間をかけているにもかかわらず、夫の毎晩の帰宅が遅く、家で食事をしないことに悩んでいる。その事情を友人が調べてみると、件《くだん》の夫は一人で連日同じ居酒屋に行き、食事をしていることが判明する。その居酒屋は煮込み、湯豆腐、焼き魚、お新香などを出す「おふくろの味」が売り物の「ふるさと」という名前の店だった。

一方、悩んでいる新妻にも事情を聞こうと家を訪ねてみると、食事にビーフストロガノフ、タルタルソースで食べるハゼのフライ、八宝菜、パエリア風ピラフが出された。「結婚前に料理学校に通っていたから、料理なら自信があるの。いつも彼の帰りが遅いでしょ。だから彼に私の料理を食べてもらえないの。それが辛くて」という。そして、「わたし、テニスとかジャズダンスとかで午後は忙しいから、手の空いているうちにお料理は作っておくんです。だから、後は食べる前に電子レンジで温め直すだけでいいの」、「どんなに彼の帰りが遅くても、ずっと毎日一所懸命作り続けるつもり…　それが私の、彼に対する愛の証ですもの」という台詞が続く。

双方の事情を知った主人公の山岡《やまおか》は、料理学校ではレストランのご馳走に近いものを教える傾向があること、男性が毎日食べたいと思うのはそうした料理よりも「おふくろの味」で、家庭の惣菜を好むことを伝え、だから、夫は家で食事をしたくなくなったのではないか、などと解説する。そこで、酒の〆料理としても人気の「うずめ飯」という島根県の郷土料理のつくり方を教えて、一件落着するという話である。

ストーリー自体は一件落着するのだが、二〇二二年の現在にあらためてこの作品を読むと、明確な性別分業が肯定され、忙しくなって料理に時間をかけられない女性の行動を批判する展開で話が進むところが逆に興味深い。この作品の中で「おふくろの味」は重要なキーワードとして登場する。一九八〇年代の世情を巧みに捉えた作品であるといえよう。

解決策として「郷土料理」が登場するところは、日本栄養士会公衆栄養推進栄養士協議会編で一九八八年に『図解亭主の好きな全国おふくろの味——栄養士がすすめる郷土料理14

図版 5-3　『美味しんぼ』⑨／小学館「新妻の手料理」

図版 5-3 『美味しんぼ』⑨／小学館「新妻の手料理」

1』が刊行された現実とも呼応する。

第四章で紹介した〈食DRIVE〉調査で明らかになったように、一九九〇年代後半は、次第に「食」を軽視する社会へと移行する時代でもあった。『美味しんぼ』は食へのこだわりや蘊蓄《うんちく》を通じて、そうした世情への一種の抵抗を示したのかもしれない。この作品は男性が生活の一部でしかない食事にこだわるのは卑しくみっともないことだとされていたタブーを破り、グルメ・ブームに乗って人気を博した漫画であった。[*20] 男性作者による、この時代の新しい食の世界観を表象したものということもできるだろう。

一九九九年、二〇〇〇年生まれの大学生を中心に、この作品をみた感想を聞いてみたところ、時代を考えれば納得できるところもあるが、現在に照らして考えると違和感がある、という意見などが集まった。参考として、具体的にいくつか紹介しておこう。

美味しんぼを見て、旦那さんのように忙しいお仕事の後には、どこか懐かしく安心するおふくろの味を求めてしまう気持ちはすごく共感できる。しかし、どんな事情であれ、作ってくれたごはんを食べないのは非常に失礼だと思った。私の家は、両親が共働きであり、平日母が家に帰ってくるのは一九時を過ぎる。そのため、平日の夜ごはんは、母が勤務するお弁当屋さんのお惣菜であったり、また帰宅後に母が簡単に作る料理がほとんどだ。しかし、私たち家族は、母が仕事で疲れたあと、私たちの食事を用意してくれることに、非常に感謝している。（二〇〇〇年生まれ、女性）

電子レンジで温めたごはんではなく、できたてが食べたいという意見は奥さんに甘えすぎではないだろうか。奥さんは家政婦ではないし、旦那の料理を作る以外にもやることがある。毎晩違う献立でごはんを作ってもらえているだけでありがたいことである。こういう男性はきっと家事は女性がやるものだと思っていて、自分は一切やらないのだろうな、と勝手に推測してしまった。（二〇〇〇年生まれ、女性）

一方、アニメの内容に納得した、共感したという意見もあった。

作品のなかでも言われていたようにおいしいレストランの料理も何度も通って食べていれば飽きるものであるが、家庭においてはありきたりなお惣菜を食べたいというのはその通りであると考える。学食や食堂においても生姜焼きや肉じゃがのような家庭的な料理が多いのは、人々にはそのような想いがあるからなのではないかと感じた。おふくろの味や家庭料理、家庭の味というものは、自分が育っていくなかで食べてきた懐かしいものであり、高級な料理などには表現できないものがあるように思われる。おいしさもあるがそれとはまた異なる、心が温まるような力がある。（二〇〇一年生まれ、男性）

実際に、結婚して家庭が急変した経験はないが、大学で上京して、一人暮らしになった際に自分で最低限の食事を作るようになった。最初のうちは美味しいもの食べたいものを作って食べられて、楽しかったが、半年もしないうちに作るのが大変になって簡易的に済ましてしまいがちになった。もう二年前になるのだが、夏期休暇に帰省した際に、実家で出される料理の味がこれほどまでかというくらいに美味しく感じられたくさん食べたのを思い出した。［…］毎日食べ続けられるもの、それが美味しんぼの作者が考えるおふくろの味だと作品を見て感じた。（二〇〇〇年生まれ、男性）

賛否両論いずれの意見においても共通しているのは、学生たちが結婚や家庭、分業のあり方との関係で論じている点である。地域や郷土という観点からの意見は極めて少なかった。

ということは、かつて「おふくろの味」がまとっていた地域や故郷という意味づけはさらに後景に退き、現在は実際の家庭や母親へと紐づくものとして、かなり限定した世界観の中で「おふくろの味」が捉えられていることになる。

コンビニエンスストア、ファミリーマートの惣菜ブランド「お母さん食堂」が誕生したのは二〇一七年のことである。おふくろの味の現代版への転換を感じさせるネーミングに「食事を作るのはお母さんだけですか」と批判が集まり、論争になったのは二〇二〇年であった。結果的に翌年には「お母さん食堂」という名前は新しいプライベートブランド名「ファミマル」へと転換した。

この論争の背景には、現代社会に広がる「味」に対する認識の一つのパターンが垣間見える。つまり、ブランド名を立ち上げ、ジェンダーバランスに配慮しようと割烹着を着た男性芸能人をイメージに掲げた企業側も、性別分業の議論へと結びつけた批判者側のいずれもが、食や味がつかさどる世界をかなり限定的に、女性と男性、そして家庭へとつないで描き、評価している点では共通しているのである。これは先の学生たちの意見とも共通する傾向でもある。

ポストモダンの食をめぐる「時間と空間の圧縮」

時代を再び一九八〇年前後に戻そう。百花繚乱の料理情報、レシピの増幅は、高度経済成長期に進んだ大量生産・大量消費を実現してきた経済構造とも無関係ではなかった。書籍や雑誌に掲載されるレシピの間に食産業の広告が織り込まれ、新しく開発された調味料や道具がレシピに加えられる。食器などにもクレジットが掲載され、料理写真でありながら広告写真の役割も果たしているという誌面作りは珍しいことではなくなった。

ということは、料理を書籍に頼って習得していった場合、その人の世界観や認識は、無意識のうちに企業や商品にコントロールされることにもなった。様々な品目を多彩な献立でつくる。その時に手間を省ける、時間を短縮できるような道具や調味料やレシピが次々と誕生し、提案された。

少し飛躍するようだが、経済地理学者、デヴィッド・ハーヴェイの言葉を引用しよう。その著書『ポストモダニティの条件』の冒頭には、世界中で生じた一九七〇年代以降の変化について、次のような説明がある。[*21]

一九七二年頃から、政治的、経済的な実践だけでなく文化的な実践においても著しい変化が生じた。

こうした大きな変化は、私たちの空間と時間の経験をめぐる新たな支配的諸様式の登場と密接に結びついている。〔…〕ポストモダンの文化的諸形態の興隆、資本蓄積のよりフレキシブルな様式の登場、資本主義の編成における「時間と空間の圧縮」の新たな局面との間に何らかの必然的関係が存在するという主張を支持する、強力な先験的根拠を示すことはできる。


これを、食や味に照らして考えてみよう。

一九八〇年代以降、日本の食料自給率は低下の一途をたどった。豊かな食卓を支えるために必要となる、様々な食材や飼料の輸入拡大がその背景にある。一九八五年のプラザ合意は外国産農産物の輸入自由化を後押しした。当時小学五年生だった私は、雑誌オレンジページの誌面や広告に登場し始めた、輸入牛肉のレシピや、オレンジやクルミの広告などを通して新しい食の世界を感じたものである。

生産・流通・保存技術を駆使することに加えて、国外から食料を輸入することによって、食べものに旬があるということを忘れるほどに、年間を通して大抵の野菜や果物はいつでも手に入るようになった。土や水のことを気にかけなくても、お金さえあれば、個人が食べものに直接アクセスできるようなしくみが次々と整えられていった。スーパーマーケットの興隆、コンビニエンスストアの誕生、通信販売の始まりなどはその例である。こうした社会の変化の中で、食べることを通して、食べものの向こう側にある世界に想いを馳せるという経験も少なくなった。

世界は距離の制約を超えて限りなく身近になり、電子レンジや冷凍技術などによって時間を短縮したり、引き延ばしたりすることも可能になった。味が生み出されるまでの手間や時間を省くことができるように、インスタント食品が誕生し、漬物や調味料などのほとんどは、食産業がその生産を担うようになった。

こうした変化はまさに、デヴィッド・ハーヴェイがいう「時間と空間の圧縮」の一例であり、食や味をめぐっては、以後、世界中でこの傾向が強まっていく。一九八六年に、イタリアのブラという小さな村で「スローフード運動」が産声を上げたのは、おそらく偶然ではないのだろう。「スローフード宣言」は次のようなものであった。[*22]

我々の世紀は、工業文明の下に発達し、

まず最初に自動車を発明することで、生活のかたちを作ってきました。我々みんなが、スピードに束縛され、そして、我々の慣習を狂わせ、家庭のプライバシーまで侵害し、〝ファーストフード〟を食することを強いる〝ファーストライフ〟という共通のウィルスに感染しているのです。いまこそ、ホモ・サピエンスは、この滅亡の危機へ向けて突き進もうとするスピードから、自らを解放しなければなりません。

［…］

我々の反撃は、〝スローフードな食卓〟から始めるべきでありましょう。ぜひ、郷土料理の風味と豊かさを再発見し、かつファーストフードの没個性化を無効にしようではありませんか。

［…］

スローフード運動とは「ただゆっくり食べる」という意味ではなく、時間と空間の圧縮への抵抗を意図した文化運動であったのだとわかる。世界が大きな転換点に立つその波頭において、イタリアはゆっくりと反対方向へと舵《かじ》を切り返していった。

翻って日本はどうだったのだろうか。一九八〇年代に海外旅行が盛んになり、トスカーナの美しい風景やイタリア料理が人気を博した。そして一九九〇年代にティラミスというお菓子が人気を博したものの、それらの美しさや美味しさが内包する「時間と空間の圧縮への抵抗」にまで想いを馳せた人はそれほど多くはなかった。

むしろ日本では、食べものの向こう側にある景色を想像しにくくなり、料理や日常の食事をめぐる議論は、家庭と女性に限定された領域へと展開していったのである。

「おいしいものを食べたいから」自分のために料理する――小林カツ代

こうした時代においては、ともすると料理や食は面倒で重荷であると感じられやすい状況に陥りがちであるが、そこに風穴をあけたのが、小林カツ代という新しいタイプの料理研究家の誕生だった。大阪出身の我が家では、とりわけ母が大阪人であった小林カツ代の味とその合理的な調理法に出会って「これだ！」と思って以来、そのレシピに親しんできた。最初は一九七〇年代後半に新聞のコラムで出会い、レシピを知る。一九八七年に刊行された『小林カツ代のおかず大集合』[*23]は手垢が付くほど使い込まれた。母から譲り受けた今は年季の入った一冊として私の手元にある。

母が虜《とりこ》になったのは、味や調理法だけではなかった。小林カツ代の考え方、子育ての姿勢、そして生き方そのものへの共感があったのだという。

これまでの料理が「誰かに食べさせるため」のレシピであったのに対し、小林カツ代は「おいしいものが食べたい一心で」、まず自分のためにつくる、と主張して憚《はばか》らないところが新しかった。しかも、結婚してから失敗を繰り返しながら料理をするようになったという経歴には、似たような経験を持つ多くの主婦にとって親しみやすさがあった。料理の手順は常識をくつがえして「アッと驚く」工夫があり、調味料はごく簡単な組み合わせと分量というのが特徴である。

「おいしいものを食べるため」のその手際には、しがらみや先入観、常識から解放された痛快さがあった。一九八〇年代に台所に立っていた人びとにとっては目から鱗《うろこ》が落ちるような発想の数々であったに違いない。そしてそのレシピは、単に時間を短縮することを目指しているのではなく、「誰もが料理をつくれるようになって欲しい」、かつ「楽しく」というメッセージとともに届けられた。女性も男性も、大人だけでなく子どもだって料理ができると楽しいはず。料理ができれば自分が食べたいものが食べられるんだから、というメッセージを伝えようとする姿勢は一貫していた。

小林カツ代の本に夢中になったのは当時三〇代だった母だけでなく、一〇代だった私も例外ではなかった。「料理は面白そう」と思えたからである。小林カツ代は次のように言っている。[*24]

思えば、結婚当初、ろくに料理もできなかったのに、あれよあれよと取りつかれてしまったのは、おいしいものが食べたかった一心から。食べること大好き人間の両親に育てられたおかげで、味だけはきちっとわかる舌をもっていました。技術なんて、あとからいくらでもついてきます。とにかく真っ先にくるのは、料理が上手になりたい！　というよりも、おいしいものが食べたい！　と、これのみ。そして、おいしいものを実際に自分の手で次々生みだしはじめると、もう料理づくりのとりこ。面白い。

注意深く読むと、「母」や「女性」ではなく「食べること大好き人間」「両親」「自分」という言葉が並び、文章が女性だけに限定されていないことがわかる。女性が読んでも男性が読んでも、子どもが読んでも自分に向けられたメッセージだと思える絶妙な語り口は、小林カツ代の料理本、エッセイなどに共通する特徴でもあった。

一九八〇年に出版されたエッセイ集『いただきま〜す』には、「おふくろの味」についての言及がある。「こどもの好きな食べもの」をテーマにした箇所で、近ごろの子どもたちが、いわゆる〝おふくろの味〟というものをあまり好まないこと、今、日本の食卓はちょうどおふくろの味とママの味とのはざまにあるということが論じられる。そして、その変化に自覚的になって、自分がつくるオリジナルの味、つまり新しい時代の味も大切にしようと、次のような言葉で伝えている。[*25]

ここで、おふくろの味からママの味へ変わりつつある事実に一度しゃんと目を向けて、開き直ってみてはどうかしら。

お年寄りと同居の若い家庭もあるでしょう。これはそれらもむろん考慮しながら、ママの味をこどもたちに残していきたいなという提案です。


この文章には、これまで社会や男性たちなど、いわば外部から「伝統を受け継ぐべし」と求められていた役割を捨てて、「自分が美味しいと思って残していきたい」という内発的な動機から始めてもよい、というメッセージが込められている。ママの味でいいじゃない、というのは、社会の規範から自由になって、いろいろなことを自分で判断し、選んで決めてもいいじゃない、という意味でもあったのである。

小林がこれまでの料理研究家と異なっていたのは、レシピとともに、それを支える哲学をエッセイや講演などを通して、積極的に伝え続けたことである。軽妙でユーモアあふれるその言葉の数々に励まされ、肩の荷を下ろせたという女性たちも少なくなかったことだろう。

3　一九九〇年代——料理することと生きること

「ごちそうさまが聞きたくて」自分のために料理する——栗原はるみ

一九九〇年代に入ると「新・おふくろの味」、「現代風にアレンジした」というタイトルが登場し、おふくろの味自体がリニューアルされて展開し始めた。新しい女性像や女性の生き方を、料理を通して提案する有元葉子《ありもとようこ》のような新たなオピニオンリーダーが登場し、村上昭子とその娘の杵島直美《きじまなおみ》が共著で『おふくろの味ママの味』を出版した。[*26]そして、この時期にはもう一人、重要なキーパーソンが現れた。

小林カツ代が哲学を料理に込めた人物だとすれば、栗原はるみは料理をライフスタイルの中に位置づけなおし、料理することは生きることそのものであると伝えた料理研究家である。[*27]一九八九年に昭和が終わり、平成が始まる頃に登場して人気を集め、その後現在までその人気は衰えていない。

一九八六年に男女雇用機会均等法が施行され、少しずつではあるが、生涯を通して働き続けようという意思を持つ女性たちが増えてきた。また、労働者派遣法が施行され、バブル崩壊が労働市場に大きな影響を与えた。結婚や出産を理由に退職することが多かった女性たちは働き続ける道を選び、前章でみたように、一九九〇年代後半には共働き世帯が専業主婦世帯を上回り、その後、増加し続けていった。女性の生き方はかつてのそれとは大きく異なり、多様化していったのである。

多くの女性たちが自らの生き方を模索し始めた頃と時を同じくして、新しいスタイルの料理本が出版された。それが栗原はるみの『ごちそうさまが、ききたくて。[*28]』であった。二〇二一年時点では、八三刷に達する大ベストセラーの料理本である。

あとがきに、このタイトルの説明がある。

毎日うちで食べているおそうざいを集めたら、この本ができました。あらためて見直すと、「へえ、うちって、意外にいろんなもの食べてるんだ」という感じです。好き嫌いなく食べてくれる家族がいて、食いしんぼうの友だちがいて、そんなまわりの人たちから、ごちそうさまという言葉をきくのがうれしくて、作ったものばかり。

小林カツ代と共通しているのは、自分のために料理するという姿勢である。一方、栗原はるみが新しかったのは、そこに「食いしんぼうの友だち」が加わっている点であろう。「毎日うちで食べているおそうざい」は言ってみれば「おふくろの味」のようなものである。実際、彼女のレシピには「母直伝の日本の味」や実家静岡の話などがふんだんに盛り込まれており、「おふくろの味」を意識した記述も少なくない。

しかしそれが家の中だけでなく、外にも他人にも開いているという点が新しかった。しかも、気軽にさりげなく。このメッセージは、一九七〇年代以降、家庭の領域に閉じ込められていった料理することや食べることに辟易《へきえき》し、煮詰まっていた人たち、とりわけ女性たちに新しい世界を見せるのに、十分なインパクトがあった。新旧の時代のバランスを絶妙に取りつつ語りかける栗原はるみによって、全く新しい「おふくろの味」の世界が始まったのである。

料理することと生きること

同書には、たくさんのレシピや鮮やかな写真と同じくらいの重みで、著者自らが書いた文章が掲載されている。これもまた、従来の料理本には見られなかったことである。料理をすることと生きることは本来つながっている。だから、料理をする人は、なぜそれをするのかを、自分の人生や哲学の中に位置づけて語ることができる存在なのである。それはプロの料理人だけに限らない。食べものに向き合うこと自体が、生きることに連なる一つの哲学的な行為なのである。しかし、従来、メディアを通して発信される料理人の姿は、料理の技術を伝えるというその一点に集約されてきた。

栗原はるみという存在は、その常識を乗り越え、かつ料理することと生きることをつなげて語る魅力を感じさせた。それゆえに、多くの支持を得たのだと思われるのである。彼女の文章には、料理だけでなく、日々の暮らし、夫との会話、子どもやその友達についてのエピソードなどが盛り込まれている。女性としての喜びや悩み、年齢を重ねた経験からみえてくるライフステージの変化も語られる。

そのため読者は料理研究家の先生の話を技術指導としてかしこまって聞くというイメージではなく、近所にいるちょっとあか抜けた、頼りになる憧れの女性のおしゃべりに耳を傾けているような気がする。それがまた、読者を惹きつけるのである。

彼女の本は、目次を見ると、明らかに従来の料理本とは一線を画していた。従来は「和食」「洋食」「中華」という料理のカテゴリーか、「煮物」「焼き物」「汁物」などの料理法の区別、あるいは、「肉類」「魚類」「野菜」といった材料の違いなどで区別し構成された目次が一般的であった。一方、『ごちそうさまが、ききたくて。』の目次は次のようなものであった。


新しいおいしさを見つけられるから、料理は楽しい。

何回も試作をして上手になった料理。

うちはいっぱい野菜を食べています。

わけもなくせん切りが好きで、生まれたメニュー。

体にいい素材は、欠かしたことがありません。
香りのいいもの、シャキシャキしたものが大好きです。
わたし流に工夫した、定番おかず。
人が来るときも、普段と同じ簡単料理で。
うちのお昼ご飯は、新メニュー開発の時間。

省略されている項目も含めて、いずれも主語に「わたし」や「うち」を冠するような文で、レシピの区分に料理家が合わせるのではなく、料理家の言葉や考え方にレシピの区分を合わせる構造になっている。料理する人が主役、主体なのである。

また、食器や食卓は実際に自分が使っているものを使い、撮影はスタジオではなく、自宅のダイニングルームや庭などで行っている点も一貫している。まさに実際のライフスタイルを垣間見ているような気持になる巧みな構成で、それは非常に新しいものだった。

「とにかくお客さまが多いうちでしたから、ありあわせでなんとかごちそう風を作ったりというのは、しょっちゅう。その上、自分で仕事を始めると、限られた時間で家族4人の食事のしたくをしなければならず、それでもおいしいものは食べたいから、いろいろに使えるたれや、次の日も応用のきくメニューを考えたりしました」という日常を垣間見た読者は、専業主婦としても、働く女性としても共感を寄せることができた。両者のハイブリッドな存在であったことがまた、読者層をセグメント化しすぎず、多くの読者をつかんでいくことになったのだろう。

先日私は、長野県に暮らす一九四六年生まれの義母の料理本や料理ノートを引き継いだ。整理していると、一般書籍、農協の冊子、集落の婦人部のレシピ、自作のノートに紛れて、広告の裏に書き込んだいくつかのレシピが見つかった。そこには、「栗原はるみ」とメモされた「ごちそうサラダ」「夏野菜の揚げびたし」「茶わんむしスープ」のレシピが手書きの文字で記されていた。義母は近所の工場へパートに出たり、家で内職をしたりする日々の中で、このメモをとったのかもしれない。

私は義母のメモを目にした時に、都市の人も農村の人も、働く女性も専業主婦も、書籍やテレビ番組から発せられる栗原はるみからのメッセージに、あらためて気づかされたことがあったのではないかと諒解した。少し大げさかもしれないが、それぞれが囚われていた料理にまつわる幻想や先入観、規範などから少し自由になれたような気がしたのではないかと感じたのである。

カリスマ主婦という肩書を脱ぎ捨てて

自由になったのはおそらく、栗原はるみ本人も例外ではなかったのかもしれない。キャリアの最初は「カリスマ主婦」と名付けられて、メディアに登場していた時期もあったが、次第にその個性や持ち味に好感が寄せられるにつれ、「栗原はるみ」という本名自体が彼女の価値となっていったからである。

その名前を冠した季刊誌『栗原はるみ　すてきレシピ』が扶桑社から創刊したのは一九九六年のことであった。まさに、カリスマ主婦という肩書を脱ぎ捨てた、パーソナルマガジンの誕生である。女だから、主婦だから、カリスマだから、母だから、妻だからというのではなく、「わたし」はこんな風に料理をして、こんな風に日々を暮らしています、という発信もまた、非常に画期的な出来事であったといってよいだろう。

そして、一〇年後の二〇〇六年には『栗原はるみ　haru_mi』が創刊し、二〇二一年に一〇〇号を迎え、『すてきレシピ』から数えて、四半世紀のパーソナルマガジンの刊行を一旦終了した。その後、二〇二二年三月には、講談社から『栗原はるみ』という新しいパーソナルマガジンが創刊され、本誌ではついに、肩書も説明もない、名前そのものがタイトルとなった。表紙には料理ではなく、本人の大きなポートレートが掲げられている。この間、料理本の棚や料理番組には、栗原はるみだけでなく、パーソナルな存在を中心に据えた個性豊かな料理人や料理研究家が誕生している。

料理は「わたし」が生きることにつながっている。そしてそれは、他者へと大らかに開いている。過去にもつながっている。海外にもつながっている。様々なコミュニケーションの手段にもなる行為である。栗原はるみの膨大なレシピから読者が受け取ったのは、このようなメッセージであった。

料理や食が軽んじられ始めた一九八〇年代以降、「一日三〇品目」や錯綜するレシピの大海に漂いながら料理を任されるようになった女性たちは、それを楽しみつつ、混乱しつつ、疲弊しつつ、辟易しつつ、諦めつつ、時に孤立を深めることもあった。

しかし、そうした閉塞感が漂い始めた台所には小林カツ代によって風穴があけられ、世紀転換期においては栗原はるみによって新しい世界が鮮やかかつ軽やかに提示された。それは、日々を生きることと料理をすることがつながっているのだという、ごくシンプルな原点へと私たちがたどり着くための地図であり、レシピにほかならなかったのである。

4 二〇〇〇年代――「おふくろの味」という言葉の先へ

「おふくろの味」というタイトルの消失

二〇〇〇年代に入ると、料理関係の書籍のタイトルから「おふくろの味」という言葉は影を潜めていった。振り返ってみると、一九六〇年代に初めて料理本に「おふくろの味」と冠されてから、わずか四〇年の間に現れ、増幅し、定着し、錯綜し、消えていった言葉であったと知り、驚きを隠せない。インターネット上にレシピ情報が移行した現象も見逃せないが、それでも出版される本のタイトルには採用されなくなっていったことには何らかの要因があるはずである。

その要因の一つとしては、もはや「おふくろの味」と名付けた料理本が売れなくなったということがあるだろう。だから、各種メディアはそれをことさら強調することをやめた。とはいっても、類似の本が全く出版されなくなったわけではない。内容はそれほど変わっていなくとも、前章で紹介した『結婚できる和食教室』のように、キーワードをずらしたタイトルで出版されるようになったのである。

これまでみてきたように、「おふくろの味」は、直接的な母親や女性というだけでなく、故郷やふるさとなども含まれ、極めて多義的な言葉であった。しかし、一九九〇年代頃からは、次第に母親や女性という意味に集約されるようになり、ジェンダーの問題、性別役割分担の議論に関わって、非難の対象になることが多くなった。

そうした問題に配慮したためか、「おふくろの味」ではなく、「おばあちゃんの味」と言い換えられて、これまで「おふくろの味」として掲載されてきたレシピ本が、あらためて出版されるようにもなった。おばあちゃんキャラクターが中心に据えられた、初心者向けの料理番組の人気はむしろ高まっている。その番組に登場するおばあちゃんの娘はほとんど料理に関心がないが、特段それが責められるわけではないという設定にするなど、おふくろの味的な要素を残しつつ、その伝え方には現代社会に合わせた絶妙な調整がなされている点も興味深い。

二〇〇六年にビッグコミックオリジナル増刊に初掲載された、安倍夜郎《あべやろう》の漫画『深夜食堂』もまた、絶妙な調整のうえに創り出された物語の好例である。舞台は新宿の花園界隈《かいわい》で、深夜〇時から朝の七時ごろまで営業している飯屋で、中年の男性マスターは客からのリクエストがあれば何でもつくってくれる、という設定である。

第一一話に「ポテトサラダ」、第二四話に「肉じゃが」と題した作品があり、いずれも「おふくろの味」というキーワードが登場することで共通している。料理本のタイトルからは消えた「おふくろの味」も、物語のテーマとしては続いているということになる。ただし、料理するのが「中年男性」であるという設定や、「おふくろの味」が一種の幻想であるという側面を自覚的に利用して（男性が「肉じゃが」をつくってくれるという女性から結婚詐欺にあうという内容）、話を組み立てているところが重要である。

つくり手をおばあちゃんや中年男性にあえてずらしながら、二一世紀における「おふくろの味」は、ジェンダーの視点をも上手く取り込みながら、新しい形で消費され続けているといえるのかもしれない。

家庭料理の系譜――二一世紀の料理を拓く土井善晴

二〇〇〇年代には、家庭料理という領域でも、次なる動きがみられるようになった。「家庭料理」という概念は「おふくろの味」とほぼ同義のものとして用いられてきた。土井勝から始まる「家庭料理」の系譜の中で、土井自身が「家庭料理」を「おふくろの味」と名付けたことを思い出しておきたい。

現在、ＮＨＫ「きょうの料理」や各種メディアにおいて活躍中の土井善晴は、土井勝の息子であり、後継者である。「きょうの料理」が始まった年に生まれ、父の仕事を見て育ち、その仕事を継承し、その後、「家庭料理」とは何かと問う中で「一汁《いちじゅう》一菜《いっさい》でよい」[*29]という結論へと至る彼の歩みはそのまま、戦後の家庭料理、「おふくろの味」がたどった歴史を体現しているようでもある。[*30]例えば、土井善晴は次のように昭和の家庭料理を振り返っている。[*31]

　１９５７（昭和32）年生まれの私は、料理の環境が社会の要請とともに変わり、新しいものに目が向けられ、西洋料理や調理道具がひとつずつ家庭に入っていく、そんな時代の変化を、料理研究家の息子だからこそ、意識を持って見ていたように思います。

　高度経済成長の中、豊かな食卓に憧れて、精一杯頑張ることや、それを誇りにさえ思わせ実現させた昭和の時代も半ばを過ぎると、女性の社会進出が勢いよく始まり、平成に向かうと情報化社会になっていきます。女性が家事に専念できなくなっても、世間という社会が女性に要求する家庭料理の水準は緩まることはありませんでした。プロが伝える料理や新しい調味料はすぐに広まり、おいしいものやご馳走が食べたいという家庭料理への要求は一層高まります。

しかし、そうした状況の中でも「母親の手料理が本当の意味で社会的に評価されることはなかった」と、土井善晴は指摘する。父が大切にしていた「家庭料理」や「おふくろの味」も、料理業界全体でみれば、低位に位置づけられていたからである。土井自身も、有名なフランス料理店、日本料理店で修業を重ねる中で家庭料理を一段低くみるようになっていたと振り返っている。

だから、一九八六年、修業を終えて父親の仕事を手伝うようになった時に、土井は「なんで私が家庭料理やねん」という気持ちを抱えていたからだという。一九八〇年代半ばと言えば、本書で都市、農村、家庭それぞれで「おふくろの味」をめぐって様々な事象が展開する一方、食べることへの関心が薄れ、価値が低下していった時代とも一致する。「家庭料理」は激動の渦の中にあった。

この混乱期を「家庭料理」すなわち「おふくろの味」の継承者として歩き始めた一人の料理人はその後、家庭料理はムラをつくるほうがおいしいということや、ありのままの自然がおいしいということに気づいていく。研究室を飛び出して、コンサルティング業務をきっかけに食べものが生まれる場所を歩き始めたことが大きな転換点となった。

その経験の中での最も大きな発見は、「自然とつながる家庭料理は民藝だ」という理解にたどり着いたことであったという。以後、土井善晴は、家庭料理は小さく閉じた一段低い世界なのではなく、自然とつながることで、むしろ豊かな展望を「拓《ひら》いて」いけるのではないか、と考えるようになったのである。

メディアを通じて一九八〇年代に小林カツ代は、家庭料理は男性や子どもたちにも開かれたものであることを伝えた。一九九〇年代に栗原はるみは、家庭料理は家庭のみに閉じたものではなく、友人や他者にも開かれたものであることを伝えた。そうした家庭料理の再定義の延長線上で、土井善晴は今、家庭料理は自然へと開かれているものであることを伝え始めている。土井は、一九九二年に自然に囲まれた奈良県の生駒《いこま》の軽井沢町の山沿いに佇む民家に、「おいしいもの研究所」を設立した。

このほど、水上勉《みずかみつとむ》の随筆『土を喰う日々』が中江裕司《なかえゆうじ》監督によって『土を喰らう十二ヵ月』という作品として映画化されるにあたり、その料理を手掛けたのは土井善晴である。同書は少年の頃に京都の禅寺で精進料理のつくり方を仕込まれた水上が、土とともに自給自足の生活を送り、まるで「土を喰う」ように暮らしている様子が描かれている。そこには、次のような興味深い説明がある。[*32]

［…］京都から送られてきた水菜を油揚げと炊いてみたりしたこともある。こんなもの、どこの店にだってある、「おふくろの味」とかいうものだろうが、しかし、ぼくの炊き方はちがうので、客たちは、材料の甘味をひきだして、あまりごたごた味つけせぬぼくの流儀に、案外鮮味を嗅《か》ぐとみえて、舌つづみを打っている。

水上がこの文章を書いたのは一九七八年頃である。その時点で、外食に「おふくろの味」があり、それは自分が手掛ける料理とは異なるのだという。水上の料理は、最初に「おふくろの味」は郷土の味であるといった辻勲や、食材の持ち味を生かした家庭料理を伝えた土井勝の姿勢に通じるものがある。まさに書名『土を喰う日々』に表れているように、母なる大地とつながる料理、というニュアンスといったらよいだろうか。

「一汁一菜」への賛同が意味するもの――「持ち味」の再評価

こうした「家庭料理」や「おふくろの味」をめぐる認識の展開には、私たちが、食や味を通じて生きる世界をどのように捉えてきたのかという非常に重要な論点が含まれている。

一九六〇年に「おふくろの味」という言葉が誕生した時、その意味するところは、土井勝の著書の表紙に記されているように、「持ち味」を生かしたおかずであった。[*33] 自然の持ち味、素材の持ち味、季節の持ち味、人間関係の持ち味を巧みに組み合わせる技が日常の暮らしを支えていたことへの敬意が「おふくろの味」という言葉には込められていた。大変な労働を支える日々の食事や季節ごとの行事食は、家族総出、隣近所、自然とともに育まれてきたからである。

ところが、一九七〇年代以降、「おふくろの味」という言葉が盛んに用いられ、人びとがそれを追い求め、翻弄される四〇年間の中では、皮肉なことに、多様な「持ち味」という世界は一つずつ失われていった。便利さと引き換えに季節や旬は実感しにくくなり、家族の中で女性だけに料理が任されるようになり、人間関係や自然との関係も希薄になっていった。「おふくろの味」が実体というよりも幻想となり、人びとを翻弄するようになったのは、こうした社会の変化と無関係ではないのだろう。

土井善晴によって二〇一六年に出版された『一汁一菜でよいという提案』は大きな反響を呼び、多くの人に支持された。「自然とつながる日本型の栄養学」があってもよく、それはこれまでの時代の食事を思い出して、一人ひとりの感性を働かせれば実現できることだと土井は伝える。本来食事や料理とは何か、私たちが心地よく生きるうえで食はどのような役割を果たしているのか、と問いかけられることによって、読者は複雑になりすぎた食事や料理、味の棚卸《たなおろし》をし、シンプルな発想に立ち戻ることができた。具だくさんの味噌汁とご飯という「一汁一菜」の提案を聞いて、若者、特に若い女性たちが安心し、明るい表情になったことが印象的であったと、土井は記している。

著書『もうレシピ本はいらない』で、第5回料理レシピ本大賞料理部門エッセイ賞を受賞した稲垣《いながき》えみ子はまさに、「一汁一菜」を実践して人生が大きく変わったと明言している一人である。[*34]「全くこれまで、懸命に情報を集め、レシピ本を集め、材料を集め、そして時間をかけて凝った料理を、しかも毎回違う料理を一生懸命やってきたのは、一体なんだったのであろうか?」と自問する。そして、「もしかすると、私たちは頑張りすぎたんじゃないだろうかと思うのだ」、「日本の長い歴史の中で、レシピ本というものが登場し、人々が毎日違うものを食べるようになったのは、ほんのこの一〇〇年ほどのこと」という結論に達する。

「おふくろの味」をめぐる現象やそのレシピもまさに同様である。レシピ本大賞に「レシピ本はいらない」というメッセージが評価されるというパラドックスの中に、二〇〇〇年代ならではのメッセージが込められているように思うのは、私だけであろうか。

高度経済成長期からバブル経済、そしてその崩壊を経て現在に至るまで、複雑になりすぎた料理や食に関する情報を一旦リセットし、自分の感性を信じて「食べること」に素直に向き合ってみよう。これは、一九六〇年代に家庭料理研究家の辻勲や土井勝が伝えようとしたメッセージによく似ている。一周回って再びその発想にたどり着いたのは、単なる偶然ではないのだろう。それは、次に紹介する新しい実践者たちの姿勢にも表れている。

新しい「持ち味」の時代

土井善晴が新たに「拓いて」いこうとしている二一世紀の料理には、ほかにも多くの実践者がいる。興味深いことに、その実践者はいずれもメディアを通じて家庭料理の意義を追究してきた料理研究家の母を持っている男性たちである。味は女性が引き継ぐものという固定観念をくつがえす、「新おふくろの味」の担い手たちを簡単に紹介しよう。

小林カツ代の息子であるケンタロウは、母の料理を受け継ぎつつ、その新しいレシピは男性たちが料理に興味を持つきっかけをつくった。小林カツ代の「誰でも料理ができるように」というメッセージは次の世代に引き継がれたことになる。

栗原はるみの息子、栗原心平《しんぺい》も料理研究家になった。二〇二一年に出版された『栗原家のごはん』[*35]の副題には「祖母から母に、母から僕に、そして僕から息子へ。」という言葉で、四世代の新しい継承の仕方を明示している。栗原心平は、国分太一《こくぶんたいち》とケンタロウがナビゲートする番組「男子ごはん」で、ケンタロウの後を引き継ぎ、男子へ料理の魅力を伝えている。

一九七〇年代のおふくろの味の代名詞であった村上昭子を祖母に、同じく料理研究家の枡島直美を母に持つ、きじまりゅうたはNHKのテレビ番組「きじまりゅうたの小腹がすきました!」などに出演し、手軽でユニークなレシピを数多く提案している。

コウケンテツは、韓国料理研究家の李映林《リエイリン》を母に持つ。母から受け継いだ韓国家庭料理の要素を取り入れた特徴のあるレシピと親しみやすい人柄で人気を博している。きじまりゅうた、コウケンテツともに、ネットコンテンツなどの新しいメディアを活用した発信も行っている。土井善晴が料理を自然に開いていく発想を持っているのと同様、コウケンテツはNHKの番組「コウケンテツが行く　アジア旅ごはん」や「コウケンテツの日本100年ゴハン紀行」を通して、文化、歴史、風土などへと家庭料理の世界を開いている。

こうした状況を概観すると、料理研究家のパーソナリティがさらに多様な「持ち味」として開花し、それが受け入れられる時代になってきたことを実感させられる。各種メディアもまた、発想の転換を迫られた結果ということでもあるのだろう。

料理の担当者、継承の経路はいずれも男女を問わない、家庭料理は家庭だけに閉じているのではなく、自然や文化、歴史や風土とつながり、海外に暮らす人びととのコミュニケーションのきっかけにもなる。料理は生きることを豊かにし、楽しむためにある。だから、自分の感性を信じて気楽に行こう。そうすれば、おのずと味から思い描ける世界は伸びやかに広がっていく。二一世紀の食は、そんな風に転換していく予感がするのである。

＊1　辻勲『おふくろの味』ひかりのくに、一九七二年（初版は一九六〇年）。
＊2　味の素食の文化センター編『vesta』第一二一号、二〇二一年。
＊3　村瀬敬子「郷土料理／郷土食の『伝統』とジェンダー――雑誌『主婦の友』を中心として」『社会学評論』七一（二）二〇二〇年、二九七頁。
＊4　山尾美香『きょうも料理――お料理番組と主婦　葛藤の歴史』原書房、二〇〇四年。
＊5　沢崎梅子『家庭料理の基礎』婦人之友社、一九六九年。
＊6　今井偕子『料理上手になる勉強――若い家庭のための家事シリーズ　第一巻』婦人之友社、一九七

一年。
＊7　山本千鶴子「都道府県別にみた『単身生活者』の動向」『人口問題研究』一九三、厚生省人口問題研究所、一九九〇年、五九–六九頁。
＊8　湯澤規子『在来産業と家族の地域史――ライフヒストリーからみた小規模家族経営と結城紬生産』古今書院、二〇〇九年。
＊9　S氏への聞き取り調査（二〇一八年一〇月二〇日）。
＊10　松原隆一郎は「消費」という視点でこの点を論じている。松原隆一郎『消費資本主義のゆくえ――コンビニから見た日本経済』ちくま新書、二〇〇〇年。
＊11　川村明子『テレビ料理人列伝』生活人新書、二〇〇三年。
＊12　同前。
＊13　土井善晴『一汁一菜でよいと至るまで』新潮新書、二〇二二年。
＊14　土井勝『土井勝・基本のおかず決定版〈婦人倶楽部ベスト料理シリーズ〉』講談社、一九七六年。
＊15　澤宮優『集団就職――高度経済成長を支えた金の卵たち』弦書房、二〇一七年。
＊16　小林敏明『故郷喪失の時代』文藝春秋、二〇二〇年。
＊17　阿古真理『うちのご飯の60年――祖母・母・娘の食卓』筑摩書房、二〇〇九年。
＊18　阿古真理『昭和の洋食　平成のカフェ飯――家庭料理の80年』筑摩書房、二〇一三年。
＊19　阿古真理『小林カツ代と栗原はるみ――料理研究家とその時代』新潮新書、二〇一五年。
＊20　同18。
＊21　デヴィッド・ハーヴェイ著、吉原直樹監訳、和泉浩・大塚彩美訳『ポストモダニティの条件』ちく

ま学芸文庫、二〇二二年。
＊22　島村菜津『スローフードな人生！——イタリアの食卓から始まる』新潮文庫、二〇〇三年。
＊23　小林カツ代『小林カツ代のおかず大集合』大和書房、一九八七年。
＊24　小林カツ代『小林カツ代のキッチン手帖』知的生きかた文庫、一九九七年（原著は一九九三年に主婦と生活社から『だから料理が好きになる』として刊行された）。
＊25　小林カツ代『いただきま〜す』女子栄養大学出版部、一九八〇年。
＊26　村上昭子・杵島直美『おふくろの味ママの味』主婦の友社、一九九五年。
＊27　詳細は、同19に詳しい。
＊28　栗原はるみ『ごちそうさまが、ききたくて。』文化出版局、一九九二年。
＊29　土井善晴『一汁一菜でよいという提案』グラフィック社、二〇一六年。
＊30　同13。
＊31　同13。
＊32　水上勉『土を喰う日々』新潮文庫、一九八二年。
＊33　同14。
＊34　稲垣えみ子『もうレシピ本はいらない』マガジンハウス、二〇一七年。
＊35　栗原心平『栗原家のごはん——祖母から母に、母から僕に、そして僕から息子へ。』大和書房、二〇二一年。

エピローグ——一皿に交錯する「おふくろの味」の現代史

「創られた伝統」としての「おふくろの味」

「おふくろの味」とは不思議な言葉である。おふくろが実際につくる味なのか、おふくろをイメージするような味なのか、おふくろがいた故郷を想起させる味なのか、おふくろという女性に課せられた味なのか……。「おふくろ」とは母親なのか、故郷なのか。実際の料理としては煮物なのか、甘辛い味なのか、はたまた一汁三菜という形式なのか。

考えるほどに「おふくろの味」は変幻自在に転換し、実体なのか幻想なのかさえも曖昧になっていく。しかし本書を通じて、その変幻自在さ、曖昧さこそが「おふくろの味」という概念が「創り」出す世界なのだという結論に至った。

人間は自分が認知した世界を描いたり、つないだり、記憶したり、さらにはそれらを再現したりする能力を持っている。とりわけ興味深いことに、私たちは実際に見たものだけでなく、様々な感覚を組み合わせて、想像上の、あるいは経験をデフォルメした幻想さえも我がものにすることができるのである。「おふくろの味」はそうした人間独自の世界の描き方を鮮明に見せてくれる概念の一つということができるだろう。

「おふくろの味」は、人びとが伝統的なものと思っているものの多くは「創られた伝統」であるというエリック・ホブズボウムらが提唱した概念にも通じるところがある。[*1] 実際、書籍のタイトルを指標にしてみると、一九六〇年代に初めて料理本に「おふくろの味」と冠されてから、わずか四〇年の間に増幅し、定着し、錯綜し、減少していった言葉であることがそれを物語っている。

ところが私たちは、自らが「創り」出してきた「おふくろの味」という概念に、無意識のうちに魅了され、囚われ、規制され、攪乱され、気づけばそこに葛藤が生まれ、対立が生じ、鬱屈した気持ちを募らせてきた。そこから解放されようと、様々な工夫もしてきた。それは、いかにも人間らしい世界認識の結果であり、翻弄の歴史であるといえる。

「おふくろの味」という現代史

「おふくろの味」が誕生してから現在に至るまでの歴史を振り返ってみると、「おふくろの味」という概念が誕生するべくして誕生したことがわかる。「おふくろの味」はそれ自体、現代史としての意味を持っている。本書を振り返って、それを要約してみよう。

戦後復興期から高度経済成長期へとつながる社会の急激な変化を生きた人びとにとって、愛着のある場所（トポフィリア）をいかにつくり出すかということは、生きる拠りどころを求めることを意味していた。実際に故郷の母親たちがつくった味そのものというよりは、故郷を想起させるような装置が必要だったのである。そのため、都市が「おふくろの味」を発見し、都市の飲食店は味や雰囲気から疑似的な故郷を想起させる場所となった。

望郷の対象となった農山漁村も高度経済成長期には目まぐるしい変化の渦中にあった。その変化の中で台所や調理道具、食材が変化し、産業構造の変化は食事の風景の変化をも促した。次世代は都市へと移り住み、かつての日常食も行事食も失われようとしていた。そうした危機感の中で、それまで「暗黙知」として存在していた料理を「郷土料理」という「地域の知（ローカル・ナレッジ）」として再編し、「おふくろの味」として発信することで、都市へとつながる経路を創り出そうという動きが各地でみられた。

一九八〇年代半ばという時代は、社会全体において食が軽視され、均一化していった時代であったが、それに抵抗する道具として「おふくろの味」が用いられることもあった。どこに行っても同じような風景、同じような味が広がると、「場所」の固有性が失われる。それは「没場所性」という現象の広がりであると、地理学者のエドワード・レルフは論じたが、「おふくろの味」はそうした動きに対するカウンター・カルチャーとしての意味を持つようになったのである。

「おふくろの味」は「家庭料理」とも定義されることからもわかるように、家族が創り出す場所である「家庭」とも深い関わりを持ってきた。太平洋戦争後に、いわゆるサラリーマン世帯が増加し、専業主婦が誕生すると、「料理は女性がするもの」という性別役割分業が拡大し、定着した。「誰が料理をするのか」を決める背景には、多分にジェンダーの問題が関わっていた。女性の社会的地位が低く置かれたことと連動するように、「家庭料理」は一段低くみられる風潮が広まっていくが、それと反比例するように家庭料理の技術を高めていこうとするメディアや女性たちの熱気も高まり、百花繚乱の家庭料理時代が到来した。ここに至って、「おふくろの味」は様々な料理カテゴリーの一つに位置づけられ、女性たちにその継承が求められた。

とはいえ、高度経済成長期の主婦たちは前の世代の女性たちから料理の手ほどきを受ける機会はほとんどなく、メディアからの情報が頼りだったため、この時代から、メディアが創り出す「おふくろの味」のイメージの影響力が強くなっていった。

社会の変化に伴って働く女性たちが増えても、高度経済成長期に定着した性別役割分業が変化することはなかったため、「おふくろの味」の規範に囚われたまま、家族の食卓は混迷を極めた。家族という組織では女性と男性、大人と子どもという性差と世代差が錯綜するため、いくつかの異なる世界観が展開し、混在していることになる。そもそも社会全体もまた、膨大な異なる世界観と認識の重なり合いによって成り立っている。それが「おふくろの味」をめぐる衝突や葛藤となって噴出することもあった。

そしてついに、「おふくろの味」は一つの神話として、実体というよりは幻想に近い理想として、大衆社会の中に浸透していくことになった。肉じゃがをめぐる言説や、ポテトサラダをめぐる論争は、そうした社会のありようを鮮やかに映し出している。

私たちは自らの経験を通した認識によって世界を把握しているが、つねに外部からの情報にも影響を受けている。そのため、書籍や雑誌、テレビ番組や歌謡曲、映画、最近ではインターネット情報やSNSなど、あらゆるメディアから発せられる「おふくろの味」に関する情報は、時に私たちを煽動し、混乱させる。逆に、こうしたメディアを通じて、新しい認識や世界観を創っていくこともできる。その可能性を、時代の転換期に活躍した料理研究家の仕事から感じ取ることができた。

以上のように、本書を通じて明らかになったのは、都市、農村、家族、男性、女性、メディアがそれぞれの意図をもって、「おふくろの味」に対する独自の意味づけと味つけを行ってきたということであった。そのレシピは絶対的なものではなく、曖昧模糊としたものであるにもかかわらず、都市と農村と家族とメディアが交錯して創られた味は、一皿の中にあたかも一品の料理であるかのように盛り付けられている。それゆえに、「おふくろの味」は、非常に多義的にならざるを得なかったのである。

未来の一皿

日常生活の中で感じる男女差や世代差、そして個人差に起因するわだかまり、ふとした瞬間、台所や食卓に不意に訪れる言葉にならない寂寞《せきばく》とある種の虚しさはいったいどこから来るのか。「おふくろの味」をめぐっては、とりわけそうした現象がそこかしこに立ち現れる。「おふくろの味」に複数の視点から光を当ててわかったことは、それは結局のところ、私たちがそれぞれ一皿の中に何を映し、何を求め、何を味わおうとしてきたのかが異なるということに起因しているということであった。「おふくろの味」だけでなく、私たち自身が創り出してきた概念、イメージなどというものは、本来そういった類《たぐい》のものなのである。私たちは与えられた固定的な世界を生きているのではなく、自分自身が認知し、描き出した、変幻自在な世界を生きている。

本書では、「幻想」が創られていくレシピやそれに関わる主体が幾重にも重なっていることを論じ、「おふくろの味」という概念をめぐって私たち自身が創り出してきた世界観がいかに多様で、移ろいやすく、様々な要素によって影響を受けて形成されているのかを明らかにしてきた。

「なんだ、そんなことか」と気づくだけで、私たちは他者や世界、そして自分に対して、少し寛容になれるのかもしれない。与えられたと思っていた世界が実は、自分自身が創り出してきたものなのだと気づけば、未来の一皿を思い描くためのレシピはいつでも、いかようにもアレンジ可能なのだと諒解することができるのだから。

＊1　エリック・ホブズボウム、テレンス・レンジャー編・前川啓治、梶原景昭他訳『創られた伝統』紀伊國屋書店、一九九二年。

あとがき

もし母が、一九七〇年代のある日の小さな新聞記事で小林カツ代に出会っていなかったとしたら、私はこの本を書くことはなかったかもしれない。

高度経済成長期の真っただ中、三人の子どもを育てる専業主婦だった母は、小林カツ代の「食べたかったら、自分で料理ができるようになったらええやん」という哲学に背中を押され、ついでに私もそんな母の真似をして、面白そうだからと台所で遊ぶようになった。

小学生の頃から本が好きだった私は、図書館や書店に足しげく通うような子どもだった。物語や図鑑、漫画などを探すためではない。お目当ては「料理本」を眺めることだった。図書館ではコピー機を使うお金を惜しんで、ノートにせっせとレシピやイラストを書き写すことに夢中になり、初めてお小遣いで買った料理本は今でも現役である。飽きることなくレシピを眺め、時に台所を遊び場にして、あれやこれやとよくつくったものである。

その行動は今でも変わらず続いており、図書館や書店に行って最初に足を向けるのは新書や学術書の棚ではなく、迷わず「料理本」の棚なのである。そして、原稿はいつも台所か食卓で書いている。もうかれこれ四〇年間続く、日常のルーティンといったところだろうか。自宅で勝手にページをめくっていた母の料理本を含めると、子どもの頃からの料理本リサーチは、ちょうど本書で取り上げた一九七〇年代〜現在を網羅する食の参与観察といってもよく、今回あらためて、この半世紀を「味」から探訪したのも何かの縁であるような気がしている。

もとは学者になる気など毛頭なく、ぜひとも食堂の厨房に立ち、料理をする仕事に就きたいと思っていた。だから今回、光文社の編集者である田頭晃さんから「おふくろの味」というテーマをいただいた時には、得意分野とばかりに喜んでお引き受けした。

ところが、である。勢いよく三分の一ほどを書き終えたところで立ち往生してしまった。「おふくろの味」とは、単なる味や料理ではないのだと自覚してはいたものの、時代ごと、世代ごと、性別ごとに異なるそのありようが、あまりにも複雑だったからである。

そうとわかってからは、一筋縄ではいかない手応えにおののきつつも、さらに資料を集め、フィールドを歩き、親しんできたはずの料理本を新たな眼で見直すという作業に没頭した。それは、思っていたよりもずっと時間を要する作業であった。できるだけ生煮えの料理にならないように考察を重ねつつ、新書という一皿に盛り付けようと試みたつもりであるが、その味はいかほどか、厨房で次なる味を仕込みながら、読者の皆さんからのご意見を待つほかないと思っている。

「おふくろの味」は、「食べること」と「料理をすること」の両方に関わるテーマである。さらにはそこに、それらを評価する私たちの認識と、そこから浮かび上がってくる価値観や世界観というスパイスが加わるのだから、どうりで複雑で奥ゆきのある味になるはずだと納得させられる。客観的に説明できるものだけでなく、主観的な説明が加わって初めて理解できる世界があるという発見は、学術知のあり方を拡張していくことにつながるかもしれない。期待を寄せながら新たな研究のレシピを考えていきたい。

近年では「食べること」に関する研究や議論が盛んであるが、それに比べて「料理をすること」まで視野に入れた研究は意外なほど少ない。「料理をすること」を論じようとする時には、「誰が料理をするのか」という論点を避けて通ることはできず、そこには料理をめぐるジェンダーの問題が絡んでくる。料理は楽しいばかりでなく、時に葛藤やわだかまりを孕《はら》み、食卓も朗らかなばかりでなく、現実には非常に厳しい側面をあわせ持ち、時にある種の寂寞に支配されることがあるのはそのためだろう。

私自身も大人になるにつれ、料理は楽しみだけでは語れないことを見聞きし、折にふれ、自分でもそういう場面を経験することになった。「食べること」と同様、「料理をする」ことは、個人的なものであるばかりでなく、極めて社会的なことでもあり、時代や社会の規範の影響を多分に受けているからである。ひとまず本書を書き終えた今、「料理をする」ことは、もっと議論されるべきテーマであると、つくづく感じている。

先日、学生たちと「食とジェンダー」というテーマで議論する機会があった。男女を問わず、料理をすることに興味を持つ学生が多く、これからの自分は料理や食べることにどのように向き合っていくのか、侃々諤々《かんかんがくがく》と話し合っている姿が印象的であった。父親の料理を一度も食べたことがないから自分は料理をする人になりたいとか、「男性」、「女性」という括りでステレオタイプに論じるわけにはいかないとか、お弁当は父親と母親の合作だったから自分も当然料理をするものだと思って育ったとか、なかなかに興味深いエピソードが飛び交っていた。

今では動画配信サイトの中に、男女を問わず若者が料理を楽しんでいる姿をたくさん見つけることができるし、実際、学生たちもそういうサイトに触発されて、料理をすることに興味を持ったり、好きになったりするのだという。メディアと料理の関係も、新しい段階へと移行し、その変化はとどまることがない。

「おふくろの味」という言葉が誕生してから変化し続けた四〇年を経て、私たちは今、あらためて料理とは何か、なぜ料理をするのか、何のために食べるのか、生きるとは何かという問いを掲げ、未来の一皿を「創る」ための新しい料理に取りかかろうとしている。どのような味の世界が社会を彩っていくのか、食べながら、料理しながら考え続けていきたい。

なお、本書の第三章の骨子は、二〇二一年度の第七一回地域農林経済学会で報告し、次の論文にまとめたものに、加筆修正したものである。

・湯澤規子「『ふるさとの味』をめぐる調理リテラシーの普及過程と生活世界――長野県上伊那郡における地域資源の発掘と利用」『農林業問題研究』五八（一）二〇二二年、一〇–一七頁。

学会での報告と仲間と議論する機会を得たことに感謝している。そのほかの章は書き下ろしである。いつもながら、率直な意見で共に議論してくれる学生たちにも感謝を伝えたい。
この本を世に送り出すにあたっては、光文社の田頭晃さんにひとかたならぬお世話になりました。意気揚々とお引き受けしたものの、なかなか筆が進まない私を絶妙なタイミングで励まし、興味深い資料や情報をさりげなく共有してくれた田頭さんのおかげで、なんとか私の「持ち味」を一皿に盛り付けることができました。「味」から社会を論じる意味について話し合えたことは、まるで一緒に料理をしているような、得難い経験でした。紙幅を借りて、心からお礼申し上げます。

二〇二二年一〇月　栗が美味しい秋深まる季節、食卓にて

湯澤規子

付録　「おふくろの味」を冠した書籍一覧

※資料：国立国会図書館ウェブサイト、2021年3月4日アクセス時点のデータにより作成

No.	タイトル	出版年	作者	出版社	分類
1	おふくろの味	1957	扇谷正造・編	春陽堂	随筆
2	続・おふくろの味	1957	扇谷正造・編	春陽堂	随筆
3	おふくろの味	1960	辻勲	ひかりのくに	料理
4	おふくろの味	1967	土井勝、土井信子	創元社	料理
5	おふくろの味中国のおかず	1971	波多野須美著	女子栄養大学出版部	料理
6	フランスのおふくろの味	1971	小川忠彦、ベルナール・コロン	学習研究社	料理
7	家庭料理のすべて―ピッツアパイからおふくろの味まで	1971	浅田綾子	文陽社	料理
8	おふくろの味煮物	1972	土井勝	女子栄養大学出版部	料理
9	河野貞子のおふくろの味	1973	鈴木勤・編	世界文化社	料理
10	懐しい味おふくろの味	1973	文化出版局編集部	文化出版局	料理
11	おふくろの味―四季のお惣菜	1973	遠藤きよ子	主婦と生活社	料理
12	おふくろの味おそうざい	1974	辻千代子	辻学園出版事業部	料理
13	手軽なおすし―おふくろの味	1974	辻勲	ひかりのくに	料理
14	おふくろの味ふるさとの味	1974	神奈川県食生活改善グループ連絡協議会・編	神奈川県食生活改善グループ連絡協議会	料理
15	おそうざい―おふくろの味	1974	辻千代子	辻学園出版事業部	料理
16	オーブン料理―おふくろの味ヨーロッパ版	1974	佐々木のぶよ	ひかりのくに	料理
17	おふくろの味―嶋田孝之雑文集	1974	嶋田孝之	無名庵書屋	随筆
18	おふくろの味―親と子の対話の本	1975	中村又一	三晃書房	家庭教育
19	おふくろの味（NHKきょうの料理ポケットシリーズ）	1975	日本放送協会・編	日本放送出版協会	料理
20	おふくろの味・郷土料理	1975		国際情報社	料理
21	おふくろの味を作ろう―和風煮物とみそ汁	1976	土井勝	講談社	料理
22	いなかの図鑑―四季の行事・懐かしい遊び・おふくろの味・ふるさとの型録	1976	ながたはるみ	啓明書房	年中行事・祭礼
23	酒の肴とおふくろの味（ファミリー・クッキング）	1976	阿部なを	学習研究社	料理
24	おふくろの味手づくりの味	1976	森シメ	光風社書店	料理
25	魚菜のおそうざい・おふくろの味	1976	田村魚菜	魚菜学園出版局	料理
26	おふくろの味―家庭料理集	1976	辻勲	ひかりのくに	料理

No.	タイトル	出版年	作者	出版社	分類
27	おふくろの味	1977	土井勝	講談社	料理
28	おふくろの味を伝える手づくり保存食	1977	村上昭子	土屋書店	料理
29	大豆をつかったおふくろの味・わが家の味	1977		埼玉県経済農業協同組合連合会	料理
30	おふくろの味—家庭料理のこころ	1977	土井勝、土井信子	創元社	料理
31	ふるさとの味おふくろの味	1978	栃木県地域婦人連絡協議会ほか・編	栃木県農業者懇談会	料理
32	京のおふくろの味 365 日	1978	京都料理研究会	ひかりのくに	料理
33	煮物おかず—おふくろの味から洋風・中国風煮物まで	1978	木村文子	永岡書店	料理
34	おふくろの味—兵庫の郷土料理	1978	野口富美子・編	神戸新聞出版センター	料理
35	ごちそうさまおふくろの味—岩手の郷土料理	1979	ごちそうさまおふくろの味刊行委員会・編	熊谷印刷出版部	料理
36	おふくろの味（講談社生活選書ポプリ）	1979	土井勝	講談社	料理
37	かけがわおふくろの味—市制 25 周年記念	1979	掛川市食生活改善推進協議会・編	掛川市食生活改善推進協議会	料理
38	土井勝・おふくろの味	1979	土井勝	講談社	料理
39	愛情おかず 500 選—おふくろの味徹底マスター	1979		主婦の友社	料理
40	新・おふくろの味—和洋季節料理のコツ	1980	大江捷美	文理書院	料理
41	村上昭子のおふくろの味おそうざい煮もの—すぐに役立つ"おふくろの味"246 品	1982	村上昭子	中央公論社	料理
42	調理別　日本の味百科—北海道から沖縄までおふくろの味基礎とコツ	1982		主婦と生活社	料理
43	秘伝おふくろの味—静岡県海のさち山のさち	1982	静岡県生活改良普及員・編著	静岡新聞社	料理
44	"小田の味"のしおり—ふるさとの味・おふくろの味	1983		久万農業改良普及所	料理
45	ふるさと料理集—おふくろの味 昭和 56 年度 57 年度	1983	大分県三重保健所・編	大分県三重保健所	料理
46	おふくろの味—新潟料理全 114 品	1983	河内さくら	新潟日報事業社出版部	料理
47	おふくろの味自由自在—楽しく作っておいしく食べる	1984	講談社・編	講談社	料理
48	男の料理「おふくろの味」—納得いくまであらゆる創意と工夫を楽しむ男のホビー	1984	小学館・編	小学館	料理
49	おふくろの味	1984	綾南町生活改善クラブ連絡協議会・編	綾南町生活改善クラブ連絡協議会	料理
50	亭主好みのおふくろの味	1985	村上昭子	主婦の友社	料理
51	きんぴら行進曲—村上昭子のおふくろの味指南	1985	村上昭子	主婦の友社	料理
52	和—おふくろの味	1985	岐阜市老人クラブ連合会	岐阜市老人クラブ連合会	料理
53	漬物のすべて—本来自然健康食品・おふくろの味	1985	三好英晁	フジタ	料理
54	食在揚州—素材の味を生かして作るおふくろの味	1986	郭長聚	中央公論社	料理

No.	タイトル	出版年	作者	出版社	分類
55	発見おふくろの味―東京フード記	1986	読売新聞社会部 新宿支局・編	読売新聞社	料理
56	おふくろの味レッスン	1986	藤巻あつこ	グラフ社	料理
57	新おふくろの味・献立	1986	大庭英子	文化出版局	料理
58	万年草―おふくろの味 ごはんとおかず	1986	日本の伝統食を 考える会・編	フジタ	料理
59	おそうざい煮もの―村上昭子のおふくろの味 ―野菜、肉、魚介、乾物などですぐに役立つ 246 品	1986	村上昭子	中央公論社	料理
60	おふくろの味 つくってみよう クッキング入門	1987	日本放送 出版協会・編	日本放送 出版協会	料理
61	地場産物を使っておふくろの味を	1987	丹後地域農林業振興会、 京都府峰山 農業改良普及所	丹後地域農林業振興会、 京都府峰山 農業改良普及所	料理
62	河野貞子のおふくろの味 ―みそ汁からシチューまで 作り方つき 324 点	1987	河野貞子	文化出版局	料理
63	菜の花―おふくろの味 漬物の漬け方	1987	三好英晁	フジタ	料理
64	おふくろの味煮もの	1988		日経ホーム出版社	料理
65	図解亭主の好きな全国おふくろの味 ―栄養士がすすめる郷土料理 141	1988	日本栄養士会 公衆栄養推進 栄養士協議会・編	文園社	料理
66	おふくろの味―お総菜の手ほどき これだけは知っておきたいおふくろの味 150 点	1989		世界文化社	料理
67	夕食絵日記 12 か月 ―懐かしく、新しく、新おふくろの味、一年間の記録	1989	中村成子	文化出版局	料理
68	おふくろの味	1990	梅山義尚・編	梅田警察官駐在所	
69	鈴木登紀子のおふくろの味定番メニュー	1990	鈴木登紀子	講談社	料理
70	郭長聚の中国料理食在揚州―初めて紹介する中国四大名菜の一つ江南の"揚州料理"素材の味を生かして作るおふくろの味	1990	郭長聚	中央公論社	料理
71	おふくろの味料理集	1991	赤坂町 老人クラブ おふくろの味研究部	赤坂町 老人クラブ おふくろの味研究部	料理
72	飛騨おふくろの味	1991	飛騨広域観光 推進協議会・編	飛騨広域観光 推進協議会	料理
73	伝えようふるさとおふくろの味	1991	北郷村 婦人連絡協議会	北郷村 婦人連絡協議会	料理
74	入門おふくろの味―絵でわかるぜひ覚えておきたい	1991	佐川進	辻学園出版事業部	料理
75	新漬物読本―手づくりの味・おふくろの味	1991	里村良一	郷土出版社	料理
76	覚えておきたいおふくろの味 人気の煮もの献立 ―村上昭子・杵島直美母子のやさしい煮ものレッスン	1992		世界文化社	料理
77	おふくろの味―現代風にアレンジした昔懐かしい味のお惣菜	1992		ブティック社	料理
78	結城貢のおふくろの味―コツがわかれば今日から作れる	1993	結城貢	フジテレビジョン (扶桑社発売)	料理
79	ふるさとの味―おふくろの味	1993	五日市すみれ会	五日市すみれ会	料理
80	倉敷地方新おふくろの味―253 選	1994	倉敷農業改良 普及所・編	倉敷農業改良 普及所	料理
81	和風の煮もの―簡単手作りで「おふくろの味」	1994		主婦と生活社	料理
82	とっておきのコツおふくろの味	1994		主婦と生活社	料理

No.	タイトル	出版年	作者	出版社	分類
83	アッとおいしい煮もの 126―新・人気定番おかず煮もの、おふくろの味、おつまみ、野菜、肉、魚介の煮ものなど	1994		鎌倉書房	料理
84	和風のおかず―おふくろの味・ふるさとの味	1994		主婦と生活社	料理
85	日本の味・おふくろの味フェスティバル ―シンポジウム記録集　第８回国民文化祭いわて '93	1994		第8回国民文化祭岩手県実行委員会	
86	家庭でできる居酒屋の味―おふくろの味いっぱいの酒の肴	1994	村上昭子	グラフ社	料理
87	伝えておきたいおふくろの味	1994	日本放送出版協会・編	日本放送出版協会	料理
88	定番おふくろの味―材料別・ぜひ覚えておきたい　絵でわかる	1994	辻勲	ジャパンクッキングセンター	料理
89	ご・ち・そ・うおふくろの味煮もの	1995		小学館	料理
90	おふくろの味ママの味	1995	村上昭子、杵島直美	主婦の友社	料理
91	おふくろの味 ―今晩のおかずはあのなつかしい家庭の味がいっぱい！	1996	神谷幸彦・編	パッチワーク通信社	料理
92	わたしと彼の　大好き！おふくろの味	1996		主婦の友社	料理
93	おふくろの味	1996	四国新聞社・編	香川県立図書館	料理
94	Japanese dish ―ヌーベルおふくろの味	1996	Cook N.E.T. Work・編著	読売新聞社	料理
95	おふくろの味ふるさとの味	1996	石坂里子	信濃毎日新聞社	料理
96	新・おふくろの味で簡単献立	1996	有元葉子	群羊社	料理
97	煮もの上手―平成・おふくろの味	1996	村上昭子	中央公論社	料理
98	季節を楽しむおふくろの味	1996		昭文社	料理
99	村上昭子の母さんのおいしいコツどっさりあげます ―今こそ、おふくろの味をあなたへバトンタッチ	1996	村上昭子	主婦と生活社	料理
100	川柳おふくろの味	1996	服部幸應、山本克夫・選	集英社	川柳
101	おふくろの味―和風のおかず	1996	村上昭子	小学館	料理
102	基本夕食のおかず集 ―"おふくろの味"からはじめる 365 日はじめての家庭料理材料別	1997		パッチワーク通信社	料理
103	漬け物と果実酒―おふくろの味を食卓に	1997	主婦の友社・編	主婦の友社	料理
104	伝えたい母の味　旬の味―続　おふくろの味	1997	河内さくら	新潟日報事業社	料理
105	しょっつるを利用したおふくろの味―つくろう・食べよう・伝えよう	1997	能代地域農業改良普及センター	能代地域農業改良普及センター	料理
106	嫁ぐ娘に会津の郷土食―伝えたいおふくろの味	1998	星孝光	星孝光	衣食住の習俗
107	ご飯・鍋もの・鉄板焼き ―みんなに喜ばれる手づくり"おふくろの味"	1998	磯村美代子	パッチワーク通信社	料理
108	やっぱりおいしいおふくろの味	1998		主婦と生活社	料理

湯澤規子（ゆざわのりこ）
1974年、大阪府生まれ。法政大学人間環境学部教授。筑波大学大学院歴史・人類学研究科単位取得満期退学。博士（文学）。専門は歴史地理学、農村社会学、地域経済学。著書に、『胃袋の近代——食と人びとの日常史』（名古屋大学出版会）、『7袋のポテトチップス——食べるを語る、胃袋の戦後史』（晶文社）、『食べものがたりのすすめ——「食」から広がるワークショップ入門』（農山漁村文化協会）ほか、多数。近刊に、『ウンコの教室——環境と社会の未来を考える』（ちくまプリマー新書）がある。

「おふくろの味《あじ》」幻想《げんそう》
誰《だれ》が郷愁《きょうしゅう》の味《あじ》をつくったのか

2023年1月30日初版1刷発行

著　者 —— 湯澤規子
発行者 —— 三宅貴久
装　幀 —— アラン・チャン
印刷所 —— 萩原印刷
製本所 —— ナショナル製本
発行所 —— 株式会社光文社
東京都文京区音羽1-16-6(〒112-8011)
https://www.kobunsha.com/
電　話 —— 編集部03(5395)8289　書籍販売部03(5395)8116
業務部03(5395)8125
メール —— sinsyo@kobunsha.com

 ISBN 978-4-334-04647-7
JASRAC 出 2209668-201

1236
安い・美味しい・簡単
実践 健康食
岩田健太郎
「近所のスーパーの特売品で自炊」に健康が詰まってる…感染症医でファイナンシャル・プランナーの資格も持つ著者と考える、お金をかけず、持続可能でより豊かに生きるための食事術。
978-4-334-04643-9

1237
社会を変えるスタートアップ
「就労困難者ゼロ社会」の実現
小野貴也
全国1500万人の「就労困難者」に適切な仕事を提供し、労働力減少を補う。社会課題を解決するスタートアップが見据える日本経済の未来像と、その先にあるインクルーシブ社会とは。
978-4-334-04644-6

1238
教育大国シンガポール
日本は何を学べるか
中野円佳
激しい教育競争、点数化する習い事――煽られ、葛藤する母親達、疲弊する子ども達。教育社会学研究者・ジャーナリストが現地の教育システムの実態を、インタビュー調査を交え報告。
978-4-334-04645-3

1239
エンタメ小説家の失敗学
「売れなければ終わり」の修羅の道
平山瑞穂
華々しいデビュー、10万部超えのヒット、そして映画化――。人気作家も目前だった小説家が犯した痛恨の「失敗」とは？出版界の裏事情と赤裸々な告白に満ちた自虐的反省の書。
978-4-334-04646-0

1240
「おふくろの味」幻想
誰が郷愁の味をつくったのか
湯澤規子
一体「おふくろの味」とは何を指しているのか。なぜそれは時に女性たちをいらだたせるのか。社会と時代を丹念に読み解き、「おふくろの味」が誕生した経緯とその正体を探る。
978-4-334-04647-7